신이 인간을 사랑했다면 왜 고통과 불행을 주었는가

신에게 묻고 싶은
24가지 질문

정래홍 저

수선재

신이 인간을 사랑했다면,
왜 고통과 불행과 죽음을 주었습니까?

......

과연 신은 있습니까?

.

.

.

오랜 침묵을 깨고
신은
이렇게 대답했다.

내 생애 첫 질문

대부분의 사람들이 신을 찾는 순간은 극심한 고통속이거나 사투를 다투는 급박한 순간일 것입니다. 제가 신이라는 존재를 찾았던 때는 13살이었습니다.

인생에 별다른 우여곡절도 없이 평범하게 살아오던 어느 날, 감당하기 벅찬 무시무시한 현실을 처음으로 맞닥뜨리게 되면서 세상에 나만 홀로 버림받은 것처럼 웅크리며 떨었습니다. 13살의 장난기 가득한 말썽꾸러기 사내아이였습니다. 아마도 그때가 제 인생에서 가장 슬픈 순간이었다고 여겨집니다.

부모님 품에서 한창 응석을 부릴 나이에 언제까지나 내 곁에 계실 것만 같던 어머니가 한순간에 사라지셨습니다. 먹고 싶은 게 무엇이냐고 물으시더니 김이 모락모락 나는 밥상을 차려주시곤 스스로 세상을 마감하셨습니다.

여느 때처럼 밤늦게까지 놀다온 저는 돌이킬 수 없는 어마어마한 현실에 울며불며 어머니를 찾았지만 이미 돌아오지 못할 길을 떠난 후였습니다.

저를 버리고 떠난 어머니에 대한 그리움과 원망으로 충격과 슬픔 속에서 벗어나지 못하고 방황하다가 난생 처음으로 동네 교회를 찾았습니다. 교회의 허름한 바닥에 무릎 꿇고 울부짖으며 소리쳤습니다. 어머니를 왜 데려갔냐고. 어머니를 돌려달라고. 신은 무엇이든지 다 할 수 있지 않냐면서.

저의 어머니는 어디에 있나요?
……

신은 모든 걸 다 알고 있지 않나요?
……

아무 대답 없는 신을 향해 몇날 며칠을 묻고 또 물었습니다.

과연 신은 있습니까?
……

그리고 이 물음은 나이를 먹고 성인으로 성장하고서도 머릿속에서 떠나지 않는 화두가 되어버렸습니다.

한 철학자는 '신은 죽었다'고 했습니다. 그는 외부의 신을 부정하고 내 안의 초인이라는 신적 존재를 갈구하며 신에게 종속되는 삶이 아닌 자신의 삶을 스스로 개척하는 실존주의적 삶을 이야기했습니다.

'신이 있는가'에 대한 확실한 해답을 얻었던 것일까요? 보이지 않는 신의 존재에 대한 의문은 개인적 차원의 문제가 아니라 자신의 존재, 궁극적으로 존재의 근원을 찾고자 하는 인류 전체의 문제일 것입니다. 저 또한 동일한 화두를 가졌던 사람으로서 인생에서 크나큰 시련을 겪고 신적인 존재를 갈망하며 인생의 물음에 대한 해답을 여러 방면으로 찾아다녔습니다.

20대 중반부터 정신세계에 심취하기 시작하면서 우연히 접한 호흡 속에 삶의 비밀을 풀어줄 열쇠가 있음을 깨닫고 그 후 15년간 명상에 정진하였습니다. 명상 중 깊은 호흡 속에서 내면의 신성神性을 만나게 되었고 인류의 영원한 수수께끼였던 신의 존재, 종교, 영혼, 종말에 대해 답을 구하기 시작했습니다.

우리나라 최고 재벌인, 故 이병철 회장의 생의 마지막 질문 24가지가 차동엽 신부님의 『잊혀진 질문』이라는 책으로 발간되었습니다. 누구라도 한 번쯤 해봄 직한, 근원을 찾아가는 24가지 질문들을 본 순간 제가 구하고자 하는 답과 다르지 않다는 생각을 했고 기쁜 마음으로 이 질문들을 화두로 깊은 명상에 들었습니다. 내면의 신성은 영적인 스승을 자청하시며 긴 시간을 통해 그 답을 일러주셨습니다.

저처럼 수많은 세월 신을 찾아온 이들, 인생의 풀리지 않는 문제로 방황하는 이들과 함께 공유하고 싶은 바람으로 책으로 엮었습니다. 영적 스승님과 만난 과정은 다른 기회를 빌어 자세하게 전하고자 개인적인 부분은 생략하고 24가지 질문에 대한 답안에만 충실하고자 했습니다. 질문은 故 이병철 회장의 원문 그대로 사용하였으며 더 궁금한 부분은 추가로 질문하였음을 밝힙니다.

신의 존재와 답의 진실에 대한 유무는 독자들의 몫일 것입니다. 그러나 질문에 대한 답을 통해 인생의 수수께끼가 한 꺼풀 벗겨지고 막막했던 미래를 헤쳐 나갈 수 있는 한 가닥의 불빛을 발견하게 되었다면, 신은 지금까지 당신의 가까운 곳에서 함께 해

왔다는 것을 느낄 수 있을 것입니다.

　신은 왜 자신을 드러내 보이지 않는지, 신이 인간을 사랑했다면 왜 고통과 불행을 주었는지, 신은 왜 악인을 만들었는지, 왜 부자가 천국에 들어가는 것이 낙타가 바늘구멍에 들어가는 것만큼 힘든지, 그리고 마지막 질문, 종말은 과연 오는지에 대한 미지의 영역에 대한 질문들…….

　이 질문에 대한 신의 답을 이제 밝히고 싶습니다.

　　　　　　　　　　　　　　2012년 11월 보은의 작은 마을에서
　　　　　　　　　　　　　　정래홍 씀

신(하느님)의 존재를 어떻게 증명할 수 있나?
신은 왜 자신의 존재를 똑똑히 드러내 보이지 않는가?

인간이 신의 존재를 알 수 있는 방법은 두 가지이다.
하나는 자신의 직접적인 체험을 통해서이며 다른 하나는
다른 이가 변화하는 과정에서 나타나는 간접적인 경험을 통해서이다.

01

신에게 묻다

잊혀진 질문 24개 중 첫 번째 질문입니다. 신(하느님)의 존재를 어떻게 증명할 수 있는지요?

인간이 신의 존재를 알 수 있는 방법은 두 가지이다. 하나는 자신의 직접적인 체험을 통해서이며, 다른 하나는 다른 이가 변화하는 과정에서 나타나는 간접적인 경험을 통해서이다.

일반적으로 신을 생각할 때 인간이 가진 능력의 한계를 뛰어넘는 초월적 존재로, 초능력에 가까운 능력을 기대하여 기적奇跡과 연관 짓는 부분이 많다. 그 생각의 바탕에는 신체나 현상의 극적인 변화를 예상하는바 이는 모두 보이는 것에 초점이 맞추어져 있다.

하지만 기적이란 무엇인가? 진정한 기적은 인간의 마음이 바뀌는 것이다. 신은 마음의 힘으로 물질을 자유자재로 다루는 능력을 가진 분들이기에 그 근본이 되는 마음에서 신의 속성을 찾는 것이 신을 느낄 수 있는 가장 빠른 방법이다.

과거 기적이라는 방법으로 신을 증명해야 하는 경우가 있었다. '육체'라는 물질에 갇혀버린 '영혼'이 물질의 속성에 지배당함으로 인해 스스로 한계를 단정 짓고 먹고 자는 동물과도 같은 생활을 하고 있었기 때문이다. 이 같은 낮은 단계의 의식으로는 고대 경전이나 전설 속의 기록에서처럼 기적에 가까운 능력을 보여줌으로써 미개한 인간의 의식을 성장시킬 필요가 있었다.

허나 이러한 신의 모습은 주, 종의 관계를 형성하게 되었다. 신을 섬기는 순종적인 자세는 마음이 맑아지고 온순해지는 반면, 사고의 능력이 단순해지는 결과를 가져오게 되었다. 스스로의 힘으로 자신의 능력을 찾는다기보다 신에게 복종하고 의탁하게 되면서 의식의 성장에 한계를 가져왔던 것이다. 그리하여 스스로 힘을 개발하고 영성을 진화시킬 수 있도록 물질을 사용하고 발전시킬 수 있는 기술을 전수해 주었고 이것이 사고를 향상시키는 계기가 되도록 하였다.

하지만 물질에 바탕을 둔 사고가 지배적일수록 인간은 근본 마음과 멀어지게 되었고 신의 속성을 외적인 조건 즉, 신체의 병을 고치거나 물질을 변화시킨다거나 하는 기적적인 면에 두게 되면서 이것이 인간이 신의 존재를 느낄 수 없는 근본적인 이유가 되었던 것이다.

신(또는 하느님)은 완성에 가까운 인격체로 마음의 균형을 이룬 분이다. 신의 존재를 알고 싶은 이는 그 근본을 마음에 두고 찾아보아야 한다.

신은 왜 인간에게 자신의 존재를 드러내 보이지 않지요?

신의 존재를 보여줌으로써 복종으로 믿음을 강조할 단계는 지났다. 인간의 의식이 성장한 지금은 사물을 분별할 기본적인 수준은 갖추었으므로 스스로의 '자유의지'로 신을 믿고 따르기를 바라기 때문이다. 또한 믿는 데서 그치는 것이 아니라 자신의 부족한 부분을 갈고 닦음으로써 스스로의 노력으로 신의 반열에 오를 수 있기를 바라는 마음에서이다.

신이 모습을 드러내는 방법은 문명의 초기에나 적용하는 것이며 이러한 방법으로 계도되는 영혼들은 높은 수준이라 할 수 없다. 문명이 발달하고 의식이 발달한 지금 시대에는 적절치 않은 방법이며 인간의 영혼을 성장시키는 면에서 오히려 방해되는 요소이므로 금기시 되고 있다.

신은 우주만물의 창조주라는데 무엇으로
증명할 수 있는가?

물질적인 사고방식에 사로잡힌 인간의 의식으로는
창조주를 증명할 방법은 없다.
창조주에 대한 이해는
가슴의 느낌에서부터 시작해야 하며
가슴의 느낌이 머리의 이해와 사고의 확장으로 이어져
보이지 않는 세계에 대한 인식을 넓히는 것이다.

신은 머리로 아는 것이 아니라 가슴으로 느끼는 것이다.

02
신에게 묻다

신이 우주만물의 창조주라는 것을 무엇으로 증명할 수 있는지요?

무엇이든 증명하고 확인을 해야지만 인식할 수 있는 단편적인 사고로 어찌 거대한 하늘의 뜻을 이해할 수 있겠는가. 물질적인 사고방식에 사로잡힌 인간의 의식으로는 창조주를 증명할 방법은 없다. 논리를 바탕으로 하는 머리 위주의 사고방식으로 보이지 않는 세계를 논리적으로 이해시키기에는 한계가 있기 때문이다. 창조주에 대한 이해는 가슴의 느낌에서부터 시작해야 하며 가슴의 느낌이 머리의 이해와 사고의 확장으로 이어져 보이지 않는 세계에 대한 인식을 넓히는 것이다.

보이지 않는 세계를 느낄 수 있는 방법은 두 가지가 있는데 첫 번째가 기운을 통해 느끼는 것이고, 마음의 변화를 통해 느끼는 것이 두 번째이다. 인간이 변화할 수 있는 것은 감동을 통해서이다. 가슴에서 전해지는 느낌이 마음의 변화를 일으키며, 마음의 변화가 인식의 변화를 가져오게 된다.

이처럼 신은 머리로 아는 것이 아니라 가슴으로 느끼는 것이며 그 시작은 사랑이다. 천지만물에 배여 있는 하늘의 사랑을 가슴으로 충분히 느끼는 연습을 해야 그 변화를 시작으로 인식의 변화를 가져오게 된다.

신성을 가진 인간과 신과의 공통적인 속성, 그것은 바로 사랑이다. 사랑의 크기에는 차이가 있으나 그 에너지는 유사한 것이다.

지구의 모든 성인들이 한결같이 실천한 것이 사랑이며, 그 사랑이 사람을 바꾸고, 세상을 바꾸는 힘으로 작용하였다. 마음이 바뀌는 것이 기적이라고 말한 측면에서 볼 때 그 기적의 힘이 바로 사랑인 것이다.

생물학자들은 인간도 오랜 진화과정의
산물이라고 하는데, 신의 인간창조와 어떻게 다른가?
인간이나 생물도 진화의 산물 아닌가?

신은 영靈을 먼저 창조하고 그 영을 진화시키기 위한 목적으로
인간을 창조하였다.
신이 인간을 창조한 목적은 영혼의 진화를 위해서였으며
인간의 실체는 육신이 아니라 영혼이다.

03

신에게 묻다

생물학자들이 말하는 것처럼 인간은 오랜 진화과정의 산물인지요?

인간이 가지고 있는 생명에 대한 개념은 단순히 동물적인 몸에 국한하여 생각하기 때문에 생물학적 진화에만 초점이 맞춰져 있다. 하지만 진화에는 생물학적 진화뿐만 아니라 영적인 진화도 있으므로 이 두 가지의 개념을 이해해야 진화의 의미를 바로 알 수 있다.

신은 영을 먼저 창조하고 그 영을 진화시키기 위한 목적으로 인간을 창조하였다. 신이 인간을 창조한 목적은 영혼의 진화를 위해서였으며 인간의 실체는 육신이 아니라 영혼이다. 쉽게 설명하면 로봇은 조종사에 의해 움직이듯이, 로봇은 인간의 몸에 해당하고, 조종사는 영혼에 해당한다고 보면 된다. 로봇이 복잡한 기계와 시스템에 의해 움직이듯이 인간의 몸도 복잡한 구조와 자동 시스템에 의해 움직인다. 허나 이것을 어떤 목적에 사용하는가는 그것을 컨트롤하는 조종사에 의해 결정된다. 인간의 육신을 부여받고도 그것을 컨트롤 하는 영혼의 마음이 올바르지 않으면 좋지 않은 결과가 나오게 된다. 그러므로 육신의 겉모습보다는 그것을 컨트롤 하는 영혼에 깃든 마음이 중요한 것이다.

지상의 모든 동, 식물의 시스템은 환경에 의해 자동으로 바뀌게끔 입력이 되어 있으며, 바뀐 환경에 적응하는 과정이 생물학적인 진화이다. 영적인 진화는 이 몸을 어떻게 사용하는가에 따라 결정되도록 되어 있다.

언젠가 생명의 합성, 무병장수의 시대도 가능할 것 같다.
이처럼 과학이 끝없이 발달하면 신의 존재도
부인되는 것이 아닌가?

생명의 창조, 죽고 사는 것은 하늘의 섭리이며 이는 신의 영역이다.
인간이 만든 기계를 동물들이 조작할 수 없듯이
신이 만든 섭리는 인간이 조작할 수 없는 것이다.

04
신에게 묻다

과학의 발달로 생명의 합성, 무병장수의 시대가 가능해지면 신의 존재도 부인되지 않겠는지요?

무병장수라는 희망은 인간이 영원히 살고자 하는 바람에서 나왔다. 그 이면에는 죽음에 대한 두려움이 있으며 유한하고 한정적인 삶에 집착하는 마음에서 비롯되었다.

생명의 합성 과정은 새로운 창조 작업으로서 조물주의 설계도에 접근하려는 움직임이며 이미 과거에 시도되었던 일이다. 인간 세상에 처음 있는 일은 없다. 모든 것이 반복되고 시행착오를 거쳐 새롭게 조합된 것으로 인류의 과학 또한 마찬가지이다.

과학은 실체를 확인하는 수단적인 가치이다. 눈으로 확인할 수 있는 것만 이론적 바탕에 근거하므로 다음 단계의 과정은 보이는 것 이상의 측정은 불가능하다. 즉, 눈에 보이는 실체에서 과학의 기초가 시작되므로 보이는 것 이상을 풀어낼 수 없는 한계로 인해 더 이상 발전할 수 없는 것이다.

이처럼 인간의 과학은 3차원 세계에 머물러 있지만 신의 과학은 3차원을 너머 5차원, 6차원…… 10차원에 걸쳐 존재한다. 고차원으로 가기 위해서는 몸이라는 물질의 장벽을 벗어나야 가

능하며 이 장벽의 경계가 허물어지는 최초의 경험이 바로 '죽음'
이다.

과학이 발달하면 차원을 넘어서는 것이 가능하지 않을지요?

인간의 과학은 수평적 발달이다. 현재의 과학으로 생명
은 연장될 수 있으나 늙음은 멈출 수 없는 것처럼 과학의 발달은
수평적 영역의 확장은 가능하나 수직적인 영역의 확장은 불가하
다. 수직적 발달이란 영적인 발달을 의미하며 한 단계 차원이 상
승하는 것이 바로 진정한 진화라 할 수 있다.

생명의 창조, 죽고 사는 것은 하늘의 섭리이며 이는
신의 영역이다. 인간이 만든 기계를 동물들이 조작할 수 없듯
이 신이 만든 섭리는 인간이 조작할 수 없다. 상하 수직적 개념
인 신의 범위를 수평적 개념인 인간의 과학으로는 확인할 길은
없다.

신이 인간을 사랑했다면, 왜 고통과 불행과
죽음을 주었는가?

인간이 태어난 목적이 무엇인가에 답이 있다.
그 목적을 알아야 신이 인간에게 삶을 부여한 이유를 알게 된다.

05

신에게 묻다

신이 인간을 사랑했다면, 왜 고통과 불행과 죽음을 주었는지요?

이 질문에 앞서서 먼저 생각해야 할 것이 있다. 인간이 태어난 목적이 무엇이냐는 것이다. 그 목적을 알아야 신이 인간에게 삶을 부여한 이유를 알게 된다. 목적을 모른 채 현상적인 것만을 가지고 판단한다면 답을 구하기가 어렵기 때문이다.

인간이 태어난 목적은 진화이고 진화하기 위한 방법은 감정을 통해서이다. 인간의 삶은 생로병사와 희로애락애오욕의 일곱 가지 감정을 통해 변화가 일어나게 된다. 감정의 변화란 그 자체가 움직임이며 활성화된 에너지이다.

한없이 평화로운 상황에서는 자극적인 요소가 없음으로 인해 머물고자 하는 속성이 강해지게 된다. 이것이 편안해지고자 하는 욕구로 나타난다. 이처럼 정체된 상태를 타개하기 위한 방법으로 신은 인간에게 고통을 부여한 것이다. 인간은 고통과 불행의 상황에 직면하게 되면 이를 타개하기 위해 사고력을 발휘하여 더 나은 방향으로 나가고자 노력하게 된다.

고통을 벗어나기 위해 '자살'을 선택하는 이들도 있지 않은지요?

'자살'이라는 선택은 결코 하늘에서 받아들일 수 없는 잘못이다. 생사는 하늘의 영역으로 영혼의 진화를 위해 하늘에서 부여한 것이며 이와 같은 영적 진화 프로그램에 동의한 것은 바로 자기 자신이다. 모든 고난과 고통까지 스스로의 선택으로 결정한 것임을 알아야 한다.

대부분의 현대인들은 죽음이 끝이라는 생각에 자살을 선택할 수 있으나 '죽음'은 끝이 아니고 새로운 탄생의 시작이다. 죽음은 잠시 옷을 바꿔 입는 과정에 지나지 않으며 금생에 자신이 어떤 옷을 입고, 그 옷에 맞는 역할을 어떻게 했는가에 따라 사후 자신의 삶이 결정된다. 인간에게 가장 중요한 것은 바로 살아 있는 동안의 삶의 과정과 결과이다.

삶이 양陽이라면 죽음은 음陰이다. 그 속에 수많은 삶의 모습이 있다. 삶이라는 단편적인 과정에서 현실적인 사고에만 집중하면 물질적인 발달은 이룰 수 있어도 영적인 진화는 불가하게 된다.

고통과 불행, 죽음이 있는 이유는 영의 진화를 위해서이다. 한시적인 생명을 받고 태어나는 이유는 이 기간 안에 참자신을 찾기를 바라는 하늘의 뜻이 있어서이다. 죽음이 없다면 사고의 전환은 불가하며, 자신의 정체성에 대한 근본적인 접근이 어렵다.

고통과 불행, 죽음을 맞이하더라도 그 이면에 담긴 깊은 뜻을 알아야 한다. 신이 인간에게 바라는 것은 오직 하나 '사랑하며 살라'는 것이다. 자신에게 고통을 주는 대상조차 사랑하라는 이유는 그가 고통을 주는 악역의 역할을 해줌으로써 내 영혼의 성장이 가능하기 때문이다. 마음이 맞지 않는 대상은 서로가 서로에게 악역으로 비춰지기 때문에 본인이 악역이 될 수도 있다. 악역조차도 본인의 삶에 충실한 것이며 그 삶을 통해 완성으로 가고자 약속한 것이므로 상대에게 불완전한 모습으로 비춰지는 것은 당연하다. 악역은 인간의 진화를 위해서는 꼭 필요한 역할이다. 이 불완전함을 인정하고 사랑의 눈으로 볼 수 있는 것, 그것이 신의 마음에 가까워지는 비결이다.

신은 왜 악인을 만들었는가?
예) 히틀러나 스탈린, 또는 갖가지 흉악범들.

'악'이라는 부정적인 상황을 맞이하여 다가오는 고통을
어떻게 처리하는가에 따라 영혼이 진화하는가, 퇴화하는가가
결정된다.

06

신에게 묻다

인간세상에서 악인이라 어떤 사람인지요?

인간의 성품은 영성과 같다. 영성은 상단(머리)과 중단(가슴)을 개발함으로써 성장하게 된다. 상단이란 이성적인 부분으로 사고와 판단력, 지능과 지식적인 면을 담당하고 중단은 감성적인 부분으로 양심과 도덕성, 공감과 소통을 담당하는 영역이다.

악인은 중단의 양심과 도덕성이 가려진 상태에서 상단의 지능과 지식이 발달한 이들을 말한다. 물질에 의해서 개발된 지능에 초점이 맞춰 사고가 발달한 경우이다. 사고는 양심과 도덕성이 바로 세워졌을 때 그 빛을 발하며 양심과 도덕성이 가려져 있는 상태에서 사고의 발달은 욕심으로 이어질 확률이 크므로 악을 낳는 원인이 된다.

신은 왜 악인을 만들었는지요?

악인이 만들어진 이유는 인류 영성의 진화를 위해서이다. 악인의 등장으로 조화롭고 평화로운 환경에 반대적인 측면을 부각시킴으로써 '왜?'라는 질문을 끊임없이 하게 된다. '악'이라는 부정적인 상황을 맞이하여 다가오는 고통을 어떻게 처리하는가에 따라 영혼이 진화하는가, 퇴화하는가가 결정된다. 또 하나의 이유는 악을 통해서 상대적으로 선의 가치가 부각되기 위함이다.

후천적으로는 물질적인 사고의 기반이 악을 만들어낸 부분이
있다. 물질적 영리추구가 전체의 이익을 추구하기보다는 사적인
이윤추구로 흐르게 되면서 양심과 도덕성이라고 하는 가치가 물
질에 의해 가려져 악인이 생겨난 것이다.

예수는 우리의 죄를 대신 속죄하기 위해 죽었다는데,
우리의 죄란 무엇인가?
왜 우리로 하여금 죄를 짓게 내버려 두었는가?

양심에 걸리는 것이 죄이다.
본성本性에 가까운 인간의 마음이 양심이므로 양심에 걸린다는
것은 본성에 어긋나는 행위인 것이다.

07

신에게 묻다

예수가 우리의 죄를 대신 속죄하였는지요?

죄를 대신 속죄한다는 것은 인과응보라는 우주의 룰에 어긋나는 것이다. 자신이 진 죄를 어찌 타인이 대신 짊어질 수 있다는 말인가. 자신의 죄는 자신이 짊어져야 하는 것이다. 뿌린 만큼 거둔다는 것, 콩 심은 데 콩 나고 팥 심은 데 팥이 난다는 말은 신계神界의 법칙을 설명한 말이지 그냥 나온 말이 아닌 까닭이다.

조물주는 인간에게 신성神性이라는 씨앗을 심어주었다. 신성을 찾으려는 노력 여하에 따라 신과 동격을 이룰 수 있는 무한한 가능성을 주신 것이다. 허나 이것은 어디까지나 '자유의지'라는 인간의 자발성이 개발되었을 때이다.

신은 불가능이 없는 존재다. 적어도 3차원 물질세계에서는 수준 낮은 신이라도 인간들이 생각하는 기적쯤은 쉽게 일으킬 수 있으나 이런 물질세계에서도 조물주조차 마음대로 하지 못하는 것이 있으니 그것이 바로 인간의 마음이다. 신성의 씨앗과 더불어 인간에게 부여한 것이 자유의지이다. 자유의지를 주었다는 것은 스스로의 삶을 개척할 수 있는 선택권을 준 것이며 그 선택에 의해 진화하기도 퇴화하기도 한다. 하지만 선택이란 언제나 책임이 뒤따르는 것이므로 올바른 선택만이 후한을 남기지 않는 것이다.

자신이 지은 죄를 없애려면 어떻게 해야 하는지요?

타인에게 물질적, 정신적 피해를 주었는데 내가 믿고 있는 신에게 용서를 구한다고 그 죄가 사라지지는 않는다. 피해를 준 사람의 마음에 상처라는 흔적을 지워야 그 죄가 사라지므로 결국, 당사자끼리의 합의에 의한 마음의 흔적들을 깨끗이 지워야 한다. 만약 이런 과정 없이 서로 일방적으로 피해를 주고받았는데 둘이 원만한 합의 없이 어느 한 쪽의 이익으로 결론이 난다면 상대적으로 피해를 본 사람의 마음에는 원한이 남게 된다. 이것이 업業으로 남아 결국 자신에게 돌아오게 된다.

우주란 철저히 마음으로 이루어진 세계이다. 마음속에 담아 두었던 것은 반드시 돌아오게 되어 있다. 삶은 금생뿐만 아니라 전생에서부터 지속적으로 이어져 온 것으로 금생의 잘못만 있는 것이 아니라 전생의 잘못도 공과가 되어 이번 삶의 결과물로 나타나는 것이다.

그럼 우리의 죄를 속죄하기 위해 죽었다는 예수에게 배워야 할 것은 무엇인지요?

'사랑'이다. 예수는 인간을 대신해서 죽은 것이 아니다. 예수가 전한 진리를 당시 사람들이 알아보지 못하고 가까운 측근들조차 예수를 배신해서 죽음으로 몰아넣었다. 하지만 예수는 자신을 팔고, 욕하고, 손가락질하며, 학대한 인간들을 사랑으로 감싸며 용서했다. 그런 희생이 있었기에 예수의 사랑이 2천 년이 지나도록 인간들의 가슴 속에 생명력으로 남아 있는 것이다.

용서란 쉽지 않은 것이다. 어찌 자신을 해하는 사람을 사랑으로 용서할 수 있다는 말이냐. 이것은 신의 경지가 아니고서는 불가하니 그런 마음을 가진 이들을 성인이라 부르는 것이다.

인간의 죄란 무엇이었는지요?

여기에서 말하는 인간의 죄란 당시 자신들의 구세주를 알아보지 못한 것이다. 하지만 그 죄는 당시 사람들에게 해당하는 것이지 후손들에게 대물림되면서 내려오는 것은 아니다.

인간의 영혼은 본성을 찾지 못하는 한 반복해서 태어날 수밖에 없다. 하늘의 일에 우연은 없으며 모두가 진화라는 거대한 흐름으로 계획된 일이기에 한 치의 오차도 없다. 따라서 당시의 죄를 갚을 시점에 다시금 태어나 인류 역사를 통틀어 가장 학대받

거나 학살당하는 경험을 통해 그 죄를 갚게끔 되어 있는 것이다. 역사를 제대로 이해하기 위해서는 이 같은 거대한 하늘의 뜻을 알아야 한다. 단순한 인간의 편협한 사고로는 역사 속에 담긴 하늘의 뜻을 알기는 어려운 것이다.

그럼 죄란 무엇인지요?

양심에 걸리는 것이 죄이다. 본성本性에 가까운 인간의 마음이 양심이므로 양심에 걸린다는 것은 본성에 어긋나는 행위이다. 인간이 죄를 짓지 않고 업을 쌓지 않으려면 본성이 원하는 길을 알아야 하는데 이것이 곧 하늘의 뜻이다. 이처럼 인간이 하늘의 뜻을 알고 살아가는 것과 하늘의 뜻을 모르고 살아가는 것은 천양지차이다.

죄란 마음으로 짓는 것으로서 인간의 행동 또한 마음의 표현이므로 모든 것이 마음으로 귀결되도록 되어 있다. 그러므로 마음이 가야 할 길을 모른 채 사람들에게 이래라 저래라는 말로 훈계하거나 다른 사람의 인생에 함부로 끼어들어 가르치려 든다면 그것은 죄를 짓는 가장 빠른 지름길이 될 것이다. 왜냐하면 하늘에 의해 부여된 각자의 길이 있기 때문이다. 어떤 계기를 맞이하여 자신의 길을 찾아갈 수 있는지는 스스로 판단해야 하는 문제이다. 허나 이런 계기를 마련하지도 않았는데, 누군가가 인생에 영향을 주어 그 사람이 자신의 스케줄에 어긋나는 길을 가게 된다면 그것만큼 하늘과 그 사람에게 큰 죄를 짓는 일은 없다.

성경은 어떻게 만들어졌는가?
그것이 하느님의 말씀이라는 것을 어떻게
증명할 수 있나?

성경은 그의 제자들에 의해 새롭게 각색되고 재편된 것으로
예수라는 성인이 왜 이 땅에 나왔는지,
그가 전달하고자 하는 메시지가 무엇이었는지에 대해서는
제대로 알고 있는 이는 드물다.

08

신에게 묻다

성경은 어떻게 만들어졌는지요?

성경은 그의 제자들에 의해 새롭게 각색되고 재편된 것이다. 성경을 읽으면 그 역사에 대해서는 쉽게 이해할 수 있으나 예수라는 성인이 왜 이 땅에 나왔는지, 그가 전달하고자 하는 메시지가 무엇이었는지에 대해서는 제대로 알고 있는 이는 드물다.

예수가 전하고자 한 천국은 '하늘'을 인간의 언어로 표현한 것으로서 천국은 인간들의 큰 희망이자 삶을 살아가게 하는 원동력이 되었다. 하지만 천국에 들어가는 방법으로 예수에 대한 온전한 믿음을 조건으로 내세운 것은 예수의 뜻이 아니라 그를 받드는 인간들의 뜻이다.

예수가 전하고자 한 것은 그를 향한 믿음이 아니라 그가 전한 말씀에 관한 믿음인 것으로 이는 주와 부가 바뀌었다고 할 수 있다. 주란 하늘의 말씀이요, 그 뜻에 담긴 진리다. 그 진리를 온전한 믿음으로 행할 때 천국의 문은 열리는 것이니 예수가 전하고자 하는 뜻은 여기에 있다.

예수의 말씀을 전하고자 하는 일부 성직자들도 마찬가지인 것이다. 인간의 몸으로 물질에서 자유로운 이는 한 사람도 없다. 인간의 삶에 있어서 하늘의 말씀보다 우선적인 것이 물질이다. 물질의 속성인 육신을 보존하기 위해서 현대사회에서는 돈이 필수인 것이다. 이것이 해결되고 난 후에야 주변과 자신을 돌아볼 여유가 생기게 되므로 먹고사는 문제가 시급한 이들에게 믿음을 통한 구원은 공허한 메아리에 불과하다. 그러다 보니 이런 인간의 취약함이 전하고자 하는 이와 따르고자 하는 이의 이해관계 속에서 예수를 향한 믿음에 초점을 맞추게 된 것이며 예수를 믿으면 모든 죄가 사해진다는 스스로를 합리화한 논리가 나오게 된 것이다.

허나 어찌 자신의 삶을 송두리째 믿음 하나로 평가를 받을 수 있겠는가? 온갖 거짓된 삶을 살고 가식적인 삶으로 가득한 채 믿음 하나로 자신의 모든 잘못이 사해진다는 것은 하늘에 대해서 무지한 이들이 내세우는 논리에 불과하다. 그런 논리를 주장하는 이유는 한 가지밖에 없다. 자신들도 마찬가지로 떳떳하지 못한 삶을 살고 있기 때문이다.

진리를 내 것으로 하고 그것과 일치된 삶을 사는 이들은 그런 유혹으로부터 자유로울 수 있다. 그들은 자신의 양심대로 행하고 그 속에서 예수의 말씀을 찾고 의미를 깨닫게 되므로 그때 피어나는 믿음이 예수를 향한 온전한 믿음이라 할 수 있다.

예수의 가르침은 사랑 한가운데에 있다. 그러므로 사랑을 실천하는 삶 속에서 예수의 가르침을 찾고 사랑의 눈으로 모든 것을 볼 수만 있다면 진리는 성경 속에 있는 것이 아닌 자신의 이웃 속에 자신보다 낮은 사람들 속에 있음을 알게 될 것이다.

성경이 예수의 말씀이라는 것을 어떻게 증명할 수 있는지요?

이 질문은 마치 죽었던 사람이 다시 나타나 '내가 썼소' 라고 말을 해야 믿겠다는 것과 같다. 하늘의 뜻은 그 뜻을 이 땅에 이루고자 각자에게 소명과 사명을 부여하였는데 예수의 경우 맡은 사명을 이루고 간 케이스이다. 이미 그가 지상에서 하늘의 뜻을 전하기 위해서 남긴 흔적들로 충분히 사명을 다하였으니 다시금 태어나 증명할 필요가 없는 것이다.

하늘의 말씀이라는 것을 어떻게 믿을 수 있는지요?

진리란 변할 수 없는 것을 말한다. 변할 수 없는 진리가 인간들의 불완전한 생각에 의해서 왜곡되고 변질되어 인간들에게 유리한 쪽으로 해석되었는데 그것이 바로 '나를 믿으라'는 것이다. 나를 통해서만이 하늘의 문에 들어갈 수 있으니 나 이외의 것들을 믿는 자들은 지옥에 간다고 한다면 이는 거짓인 것이다. 이것은 우상화라는 방법으로 사람들을 개도하겠다는 것으로 이런 방법으로 인간의 영혼을 개도해야 했던 시기는 문명의 초기단계였으며, 동물수준의 의식을 갖춘 인간들에게 일방적인 하늘의 메시지를 통해 의식의 수준을 끌어올려야 할 필요가 있어서 그 같은 방편으로 인도하였던 것이다.

믿음은 중단(가슴)에 근거한다. 가슴에서부터 울림이 있어야 믿고자 하는 마음이 생기는 것이다. 그러므로 중단에 울림이 있는가, 없는가의 여부에 따라 진리 여부를 판별하면 된다. 온전한 하늘의 뜻은 자신이라는 생각의 필터에서 가감 없이 그대로 흘러 가슴에 전달되고 느껴야 한다. 머리는 진리의 구조를 이해하는 영역으로, 이해가 곧 판단으로 연결되면 안 되는 것이다. 판단은 가슴으로 해야 하며 판단의 기준은 양심이다. 양심에 근거하여 진위의 여부를 판별하고 믿음의 근거로 삼을 수 있어야 한다.

가슴으로 느낀다는 것은 구체적으로 어떤 뜻인지요?

실체에 대한 확인이다. 그 실체의 근원은 사랑이다. 모든 만물에 깃들어 있는 사랑을 느낄 수 있을 때 신의 존재를 확인할 수 있다. 사랑이란 인간이 살아가는 근본 가치이다. 인간은 사랑으로 태어나고 사랑하며 살아가다가 떠나게 된다. 온전한 사랑은 깊고 은은한 향이 나오니 신의 속성과 일치한다고 할 수 있다. 반면, 인간의 사랑은 끌어당김이 강하고 조건부적이며 이기적인 측면이 강하다. 품을 수 있는 범위 또한 제한적이며 가족의 단위이상 넘어가지 않는다. 이런 작은 가슴으로 자신과 가족의 울타리를 넘어 다른 이들을 사랑하기란 어려우며 이러한 것이 결정적으로 신의 존재를 느낄 수 없게 만드는 장벽으로 작용하고 있는 것이다.

종교란 무엇인가? 왜 인간에게 필요한가?

인류가 태동하였을 시기에는 있는 그대로의 감정과 욕구를
드러내어 통제가 거의 불가능하였다.
이를 통제할 수 있는 교육으로서 종교라는 형태의
가르침이 내려졌다.

09
신에게 묻다

종교란 무엇인지요? 왜 인간에게 필요한지요?

종교는 영혼의 성장을 위해서 필요한 중간단계의 과정으로서 인류의 영성을 끌어올리기 위해서 절대적으로 필요한 것이었다.

인류가 태동하였을 시기에는 감정과 욕구를 있는 그대로 드러내는 동물적 수준에 가까워 통제가 거의 불가능하였다. 이를 통제할 수 있는 교육으로서 종교라는 형태의 가르침이 내려졌다. 미개한 의식을 가진 이들을 개화하기 위해서 초능력이나 기적 같은 인간의 수준을 벗어나는 능력을 보여줌으로써 신을 경외시하고 말씀을 절대적으로 신뢰하도록 하였던 것이다. 그렇게 해서 초기 하늘의 말씀이 내려와 서서히 동물 수준의 의식에서 벗어나 인간다운 모습을 갖추었고 상당 부분 맑은 영혼을 가진 인간으로 변모해 왔다.

당시 하늘의 뜻을 이 땅에 전해준 초창기의 멤버들은 종교의 형태를 띠지는 않았다. 그들은 인간과 함께 살면서 질서를 잡고 우주의 선진기술을 전달하고 문명을 발전시켰다. 지금으로 치면 왕국과 같은 형태로 문명과 의식을 발달시켰던 것이다. 그러다 어느 정도 문명이 발달하고 나서 개입을 멈추게 되는데 이유는 인간들의 자유의지를 극대화시키기 위함이었다. 하늘의 절대적인 힘으로 인도된 영혼들은 마음은 한없이 맑아 도덕적으로 아무 문제가 없었으나 사고적인 측면에서 발달의 제한을 가져오게 되었다.

초창기 하늘의 개입은 절대적인 능력을 통한 주종의 관계가 성립되어서 일방적으로 흘렀다. 허나 주인과 종의 관계는 위치변화 없이 현 상태를 유지하게 되었고 성장의 욕구를 저하시키는 계기가 되었다. 그리하여 마음이 맑아지고 갈등이 없어진 편안한 환경에서 인간의 영성은 더 이상 진화가 불가능하다는 결론에 이르렀다. 그러한 이유로 하늘은 더 이상의 관여를 멈추고 떠나게 되었다. 떠난 자리는 인간들에 의해서 채워졌고 그때부터 하늘의 뜻이 아닌 인간들의 자의에 의해 발전하게 되었다.

초창기에는 하늘의 뜻이 퇴색되지 않은 채 온전히 흘러 원만한 통치가 가능했으나 점차 시간이 지남에 따라 하늘의 뜻이 멀어지고 퇴색되어 혼란의 시기를 맞이하게 되었다. 혼란이란 다름 아닌 하늘의 뜻이 사라져 방향성을 잃는 것을 뜻한다. 하늘의 뜻은 육신이 아닌 정신에 있으나 인간의 뜻은 정신보다는 육신에 가까울 수밖에 없었다. 육신의 안락을 위해서 물질에 집착하였고 물질주의적 사고관이 지배하였던 것이다. 이때부터 정신의 힘이 쇠약해

지고 물질의 힘이 강성해졌으며 물질적 힘과 권력을 갖기 위한 온
갖 권모술수가 난무하고 그것이 인간의 역사를 이루게 되었다.

물질에 의해서 정신의 힘이 쇠약해질 때로 쇠약해진 시점에 종
교는 다양하게 나타나기 시작했다. 하늘의 뜻을 이어받은 성인
들이 각각의 나라에 태어나 그 뜻을 폈으니 문화적 차이에 의해
서 다양한 종교의 형태를 띠게 되었다. 당시 종교의 목적은 물질
에 가려진 양심을 깨우는 일이었으나 당시 민중들의 의식수준으
로는 더 이상 하늘의 깊은 말씀을 전달할 수 없었고 그것이 한계
였다. 이 또한 영성의 개발을 위한 과정으로 이를 위해 역사의 한
부분을 당시 성인들에 의해 종교의 형태를 띠고 가르침을 편 것
이다.

이 당시에는 초능력이나 기적을 통한 능력으로 인간들을 개도하지
는 않았는지요?

초능력이나 기적의 능력을 선보이는 수준은 아주 낮은 단계
의 의식수준이다. 인간의 영은 단계별 과정을 통해서 의식의 성
장을 가져오게 되는데 인류문명이 태동하는 초창기에는 그 수
준에 맞는 영들이 태어난다. 동물에서 인간으로 진화되어 가는
영들을 개화시키기 위한 교육의 과정에서 초능력이나 기적 같은

방법이 필요했던 것이다.

종교가 영의 진화를 위해서 필요한 중간단계의 역할이었다면 그 다음 단계에 필요한 것은 무엇인지요?

신에 대한 믿음을 통해 하늘의 존재를 확인하고 그 가르침을 따르는 것이 종교의 역할이었다면 다음 단계는 스스로가 신이 되는 과정이다. 누구나 태어날 때 신이 될 수 있는 씨앗을 부여 받았다. 이 신성의 씨앗은 살아온 가치관과 신념에 의해서 에고의 형태로 가려져 있으므로, 하늘의 말씀을 통해서 그 껍질을 벗겨내어 세상을 바라보는 관점을 바꾸고 모난 부분을 갈고 닦아야 한다. 신성의 씨앗을 밝혀 스스로 신의 성품을 길러야 하는 과정이 바로 다음 단계인 것이다.

영혼이란 무엇인가?

영靈은 하늘에서 오는 것이요, 혼魂은 땅에서 연결된다.
이는 하늘에서 씨앗을 내보내면 땅에서 그 씨앗을 받아
키운다는 의미이다.

10

신에게 묻다

영靈이란 무엇인지요?

보고 듣고 느끼고 생각하고 표현하는 모든 것이다. 살아 있다는 것은 느낄 수 있다는 것이며, 느낄 수 있다는 것은 실체를 확인하는 일이며 그 실체 중 일부가 자신임을 아는 것이다. 자신은 세상 한가운데에 있는 존재이며 자신을 중심으로 세상이 돌아가니 그 중심이 바로 영이다. 영이란 중앙통제 시스템으로 보면 된다. 컴퓨터의 통제소와 같은 역할이 영이며 이 영의 명령에 의해서 세상이 돌아가게 된다.

컴퓨터의 성능에 따라 컴퓨터가 처리할 수 있는 정보의 용량이 정해지는 것처럼 영 또한 마찬가지로 영의 능력에 따라 세상을 움직일 수 있는 범위가 정해지게 된다. 모든 만물의 창조는 조물주 한 분으로부터 시작되었으며 영 또한 마찬가지이다. 조물주의 뜻에 의해 창조된 영은 모두 의무적으로 가야 할 길이 있으니 그것이 바로 진화의 길이다. 이 진화의 길을 간다는 의미는 컴퓨터의 용량을 늘리는 것과 마찬가지로 지속적으로 업그레이드하여 변해가는 흐름에 뒤처지지 않게 적응해 나가야 한다는 데 있다.

우주에서 변한다는 것은 현 상태를 유지하지 않고 계속해서 확장해 나가는 것이니, 조물주의 뜻에 의해 변해가는 것이 진화요, 조물주의 뜻과 반대로 변해가는 것이 퇴화이다. 퇴화는 현상 유지, 즉 애초 태어난 영의 수준에서 머묾을 의미하는데 그 이유는 우주는 계속해서 확장해 나가며 진화의 방향으로 가고 있기 때문이다. 내가 진화를 멈추는 순간에도 우주는 한 발 두 발 앞으로 지속적으로 나가고 있으니 변해가는 흐름에서는 자연스레 도태될 수밖에 없는 것이다.

우주는 공간의 확장을 통해서 진화하고 있다. 이 공간에는 생명체가 거주하기 적합한 공간과 적합하지 않은 공간이 있어 생명체가 거주 가능한 공간에서부터 나오는 에너지가 주변 공간에 에너지를 보급함으로써 점차 활성화된 공간으로 변해가게끔 설계되어 있다. 활성화된 공간은 점차 진화를 거듭하면서 다시 주변 공간에 영향을 주게 되는데 이렇듯 우주는 유기적으로 연결되면서 서로 상호 보완해 나가는 것, 이것이 진화의 사이클인 것이다.

이러한 공간의 변화와 사물의 움직임에 주도적으로 영향을 끼치는 존재가 바로 영靈이다. 사물을 주재하고자 하는 방향은 생각에 의해서 조절되며, 생각이 방향을 정하고 나면 마음을 확정하고 그 방향대로 움직여 나가게 된다. 그러므로 영이란 생각하고 표현하고 움직이는 모든 것이라 할 수 있는데 이를 살아 있다고 표현한다. 살아 있음은 목숨이 붙어 있음을 말하는 것이고 목숨이 주어짐을 의미하니 이는 조물주의 명命에 의해 영이 창조되었음을 뜻하는 것이다.

이렇게 창조된 영은 자유의지를 통해서 각자만의 우주를 부여 받게 된다. 이는 곧 자신의 영향력에 따라 우주를 재편할 수 있다는 뜻이니 자신의 영향력이 조물주의 능력만큼 향상한다면 우주를 창조할 수 있는 수준까지 도달하는 것이 가능하다는 것을 의미하는 것이다. 이처럼 영의 수준에 의해서 우주는 유기적으로 움직이고 구성되어 가는 것이다.

영의 수준을 높이기 위한 방법은 무엇인지요?

애초 조물주가 우주를 창조할 때 차등을 두고 창조하였으므로 영의 수준 또한 마찬가지이다. 미생물의 수준에서부터 식물, 동물, 인간, 우주인, 신 등 차등을 두고 창조하여 불완전한 요소를 객체마다 다르게 부여하고 완성으로 향하도록 시스템화한 것이 그것이다. 그래서 각 객체들은 자신의 수준을 업그레이드하여 점차 역량을 강화해야 하는바 이는 영들이 머무는 기적氣的

공간에서는 거의 불가능하므로 제한된 물리적 공간에서 훈련을 통해서 성능을 향상시켜야 하는 것이다.

우주는 수평적 확장뿐만 아니라 수직적 확장을 통해서 원Circle 의 형상으로 팽창하면서 진화하도록 되어 있는데 이때 자신의 공간에서 한 단계 위 공간으로의 상향 이동은 엄청난 에너지를 필요로 하게 된다. 이 에너지는 호흡에서 축적한 단전*의 에너지에서 비롯되는 것이니 단전의 기운의 용량에 의해서 올라갈 수 있는 높이가 정해지는 것이다.

허나 이 단전의 용량은 기적氣的인 상태에서는 확장이 불가능하다. 단전은 기적인 물건이지만 그것을 키우는 것은 물리적 공간에서이며 인간의 몸으로 있을 때 가능하다. 이유는 단전이라는 그릇은 마음의 그릇이고 자신을 표현하는 체體이기 때문이다. 자신의 모든 것은 단전에 비유할 수 있다. 육체를 가지고 있으면서 단련을 통해서 점차 단전의 역량이 강화되고 그렇게 강화된 역량은 죽는 순간 자신의 모든 것이 된다. 즉 단전의 용량이 자신의 역량이 되는 것이다. 인간의 몸으로 있을 때 단전호흡을 하여 그릇을 키우고 역량을 강화하여 70%의 에너지를 비축하였다면 죽는 순간 그 70%의 에너지로 우주에서 자신의

---

* 단전丹田은 마음을 담는 그릇으로 호흡 수련을 하지 않은 사람에게 단전은 없으며, 수련을 시작하면 단전이 형성된다. 인간은 원래 천인天人이었던 까닭에 작은 우주를 하나씩 가지고 있는데 그것이 바로 단전이다. 각자의 단전은 작은 우주이며 우주에 연결되어 있는 까닭에 기운이 모이게 된다.

역량을 펼 수 있게 된다.

에너지란 동력이다. 제한된 수평적 공간에서 수직적 공간으로 이동할 수 있는 것 또한 동력이 있을 때 가능하다. 동력에 의해 로켓의 사정거리가 정해지듯 수직적 상승을 위해서는 그에 걸맞은 동력이 필요하다. 허나 동력이 좋아도 로켓의 무게가 무거우면 이동거리가 짧아질 수밖에 없으므로 로켓의 무게를 줄이는 것이 수직적 상승을 위해서는 절대적인 것이라 할 수 있다. 로켓의 무게란 바로 영의 마음의 무게, 생각의 무게이다.

그래서 비움이 그토록 강조되는 것이다. 수직적 진화를 위해서는 비움은 필수이며 비워야만 자신의 공간에서 한 단계 위의 공간으로 상향 이동이 가능하다. 허나 비우기만 해서도 역량이 강화되는 것이 아니니 힘이 받쳐주었을 때 비로소 완벽한 조합이 이루어지게 된다.

혼魂이란 무엇인지요?

영은 하늘에서 오는 것이요, 혼은 땅에서 연결된다. 이는 하늘에서 씨앗을 내보내면 땅에서 그 씨앗을 받아 키운다는 의미이다. 하늘이 아버지의 역할이요, 땅은 어머니의 역할이다. 이때, 하늘의 생명력과 땅의 생명력이 결합해서 생성되는 것이 정精이다.

허나 이는 정신적인 요소에 해당한다고 볼 수 있다. 실질적으로 영과 혼은 보이지 않는 영역이며 생명의 탄생은 남자의 정과 여자의 정이 결합해서 생기는 것이므로 이것이 물질적 생명력인 정精이 되고, 그 정을 움직이는 정신적 생명력이 영과 혼인 것이다. 혼은 물질을 대표하는 땅의 의사로, 혼이 있으므로 영이 제 역할을 하는 것이며 땅의 혼이 영을 붙잡아 둠으로써 육체에서 이탈이 불가능하도록 되어 있다. 인간의 몸으로 있으면서 자신을 대표하는 것이 바로 영혼이다. 영혼은 죽는 순간 각각 분리되어 혼은 땅으로 돌아가게 되며, 영만 남아 하늘로 올라가게 된다.

종교의 종류와 특징은 무엇인가?

예) 기독교(천주교, 개신교), 유태교, 불교, 회교(마호메트교), 유교, 도교

종교의 종류는 헤아릴 수 없이 많으며 그들이 믿고 있는
신의 수준도 천차만별이다.
신의 수준은 그 메시지가 인간의 의식을
어디까지 성장시킬 수 있는가에 따라 구별된다.

신에게 묻다

종교의 종류와 특징은 무엇인지요?

종교란 지역의 문화에 따라 다양한 형태로 존재하나 그 기본은 신에 대한 믿음이다. 종교의 종류는 헤아릴 수 없이 많으며 그들이 믿고 있는 신의 수준도 천차만별이다. 그중에는 저급 수준의 신도 있으니 동물을 숭배하며 그들에게 길흉화복을 비는 형태의 종교가 그러하다. 신의 수준은 그 메시지가 인간의 의식을 어디까지 성장시킬 수 있는가에 따라 구별된다. 종교의 특징은 문화적 차이에 의해 다양한 색깔을 띠므로 해당 종교는 그 나라 문화를 이해하면 알 수 있을 것이다.

그럼 세계 3대 종교인 불교, 기독교, 이슬람교의 핵심 가르침에 대해 궁금합니다. 먼저 불교의 핵심 가르침인 '자비'란 무엇인지요?

존재에 대한 측은지심에서 나오는 마음이다. 자비는 인생이 고해임을 깨달은 부처님의 마음으로, 고해의 바다에서 살고자 몸부림치는 중생들을 가엽게 여기는 사랑의 마음이다. 부모가 어린 자식을 바라보는 마음 또한 자비와 가까운 마음으로 그 근본은 모든 것을 포용하는 마음과 용서에 있다.

하늘은 한없는 사랑과 인내와 안타까운 심정으로 인간을 지켜보고 있다. 인간이 잘못을 고하고 바르게 살고자 한다면 다시

기회가 주어지게 되며 인간의 몸으로 있으면서 용서받지 못할 일은 없다. 다만 자신이 한 일에 대한 자각이 동반되었을 때에는 용서가 가능하지만 자각이 안 된 상태에서는 용서받기가 어렵다. 잘못을 뉘우치면 뉘우친 만큼 기회를 주는 것이 하늘이며, 그 잘못을 인지하지 못하고 끝까지 속이려 든다면 하늘은 반드시 그 일에 대한 잘잘못을 추궁하게 된다. 죽고 난 후의 심판은 누구도 피할 수 없다.

하늘의 뜻을 모르고 저지르는 죄는 무지에서 오고, 하늘의 뜻을 알고 저지르는 죄는 자신의 욕망을 누르지 못한 나약함에서 온다. 둘 다 과실은 있으나 무지에서 오는 죄가 더 크다. 하늘의 뜻을 알고도 저지르는 죄는 인간의 나약함을 여실히 보여주는 것으로, 이는 스스로가 잘못을 인지하고 반성할 수 있는 여건이 조성됨을 의미하니 개선의 여지가 있으나 무지에서 오는 죄는 자각이 없어 잘잘못에 대한 반성할 기회조차 없으므로 부채가 계속 쌓이게 되어 훗날 큰 죗값을 치르게 된다.

무지와 욕망으로 인해서 자신에게 해를 입히면서도 그럴 수밖에 없는 나약한 중생의 입장을 이해하고 용서하는 마음, 연민의 마음으로 덕을 베푸는 부처님의 큰사랑에서 나온 가르침이 바로 자비이다.

기독교의 핵심 가르침인 '사랑'은 무엇인지요?

사랑은 모든 만물에 내재된 근원의 힘이다. 무에서 유를 만드는 에너지이자 우주만물 창조의 원동력이다. 사랑은 무엇이든 가능하게 만든다. 만물을 소생하는 힘이자 생명이 생명으로서 역할을 할 수 있는 것, 음과 양이 결합해서 새로운 물질을 생성하고 결합하는 힘 또한 사랑에서 비롯된다. 아버지와 어머니의 사랑의 결과물이 인간이며 동물과 대자연 모두 마찬가지이다. 분리되어 있던 것을 하나로 합치어 다른 결과물을 생성해내는 힘, 이것이 사랑이다.

기독교의 핵심인 사랑의 본질은 하늘의 속성이며 하늘의 사랑을 실천하며 그 뜻을 전한 이가 예수이다. 다만 인간들이 예수가 전한 사랑을 인간적 시각으로 해석한 오류로 인해 조건이 달리기 시작했고 편협한 사랑의 가르침이 전해진 것이다. 사랑에 조건이 붙는 순간 그것은 이기적인 사랑이 된다. 나를 믿고 따르는 자만 사랑하고 용서해주겠다는 그 마음 자체가 신으로서 자격 미달인 것이다. 이런 편협한 마음으로 어찌 인간의 진심을 이끌어낼 수 있다는 말인가.

너와 나를 구분 짓지 않고 하나임을 알리고자 한 사랑, 원수조차 내 몸처럼 사랑하는 말에 예수의 모든 뜻이 숨어 있다.

이슬람교의 가르침인 '알 알이슬람' 즉, 알라의 가르침에 몸을 맡긴다는 '귀의歸依'란 무엇인지요?

신의 뜻에 따른다는 것이다. 절대 진리에 대한 절대믿음은 도의 기본으로 온전한 믿음, 절대믿음을 강조한 것이다. 그래야만 법이 전수되기 때문이다.

옛 스승들이 법을 전수할 때에는 근기와 믿음을 확인하기 위해 밥 짓기 3년, 빨래하기 3년, 물 긷는 데 3년이라는 시간을 마음을 준비하는 기간으로 삼았다. 모든 종교는 믿음을 근간으로 한다. 믿음이 사라지는 순간 바로 절벽 아래로 떨어지는 일만 남는 것이니 아무리 굳건한 믿음으로 공든 탑을 쌓았다고 해도 믿음이 흔들리는 한순간 와르르 무너지게 되는 것이다.

이슬람교의 '알 알이슬람'은 온전한 믿음으로 알라의 뜻을 따르라는 뜻으로 '자기 없음'을 강조하는 것이다. 코란의 가르침을 의심하고 자기 생각으로 확대, 축소 해석하여 본질을 왜곡하지 말라는 지도자의 뜻이 담겨 있으니 모든 것은 신에 대한 온전한 믿음으로 귀결되고 있다.

이러한 종교들이 서로를 인정하지 않고 갈등을 빚는 이유는 무엇인 지요?

하늘은 언제나 똑같은 가르침을 펼쳤다. 하늘의 뜻을 가지고 이 땅에 내려온 성인들이 만든 종교는 문화의 차이에 따라 다양한 색깔을 띠었고 그 문화에 맞게끔 하늘을 전파하였다. 이것이 시간이 흘러 나라의 정신으로 이어졌고 어려움에 처할수록 종교를 의지하면서 그 힘과 세력은 커졌다. 유럽에서 먼저 세계화의 바람이 일어나면서 식민지 정책을 폈고 지배국은 피지배국의 종교를 핍박하면서 그들 정신의 뿌리를 흔들어 완전한 복종을 강요하였다. 결국 그것이 쌓이면서 종교 간의 갈등으로 번진 것이다. 영토 확장과 국력 확장을 위한 전쟁의 이면에는 종교 이념이 자리 잡았고 나라 간의 전쟁이라고 하지만 실상은 핍박의 역사가 빚어낸 종교 간의 전쟁이라 할 수 있다.

이같이 종교 간의 갈등이 빚어낸 원인은 타 종교를 인정하지 않은데서 오며 자기 민족과 종교가 최고라는 우월의식에서 나온 것이다. 이러한 속성은 경쟁이 만들어낸 이기심의 결과이다. 질투는 인간의 속성이지 하늘의 속성이 아니다. 나와 다르다고 해서 배척하는 것은 사랑이 아니다. 이를 잘 구별하여 경전에서 전하고자 하는 사랑의 본질을 깨달아 의식 확장의 기회로 삼아야 하는 것이다.

천주교를 믿지 않고는 천국에 갈 수 없는가?
무종교인, 무신론자, 타종교인들 중에도 착한 사람이
많은데, 이들은 죽어서 어디로 가는가?

하늘이라 불리는 천국은 어느 특정 종교의 소유물이 아니다.

12

신에게 묻다

천주교를 믿지 않고는 천국에 갈 수 없는지요?

천국은 어디에 있는가? 천국은 바로 자신들의 마음속에 있으니 마음 안에서 길을 잃으면 그것이 지옥이요, 마음 안에서 길을 찾으면 천국인 것이다. 하늘이라 불리는 천국은 어느 특정 종교의 소유물이 아니다.

천주교를 믿지 않고는 천국에 들어갈 수 없다는 말은 예수의 말이 아니다. 또한, 신의 말도 아니다. 모두를 내 몸같이 사랑하고 아끼고자 하는 신이 어찌 저런 이기적인 속성을 지니겠는가. 불완전한 인간의 질투와 욕심이 빚은 하늘에 대한 변질된 믿음이 저런 가르침을 만든 것이다. 신도들의 기부금으로 연명하는 일부 종교와 하늘을 팔아 생계를 유지하는 생계형 종교인들이 내세우는 그들의 논리이다.

무릇 진리란 하늘의 말씀으로 하늘의 말씀이 예수를 통해 세상에 전달되었으며 예수가 떠난 후에는 그 제자들의 입을 통해 전달되어 왔다. 하지만 전달하는 과정에서 그 뜻을 자의적으로 해석하고 하늘의 뜻과는 다르게 왜곡된 하늘에 대한 믿음을 심어주게 된 바 있다. 잘못된 믿음으로 세상을 살아가는 이들 또한 그들의 아들, 딸들에게 왜곡된 믿음을 전하게 되고 그 과정에서 변질되어 점점 하늘의 뜻과 멀어지게 되었던 것이다.

'나를 믿고 따르라'는 말 속에는 내가 가르친 진리의 말씀을
따르고 행하라는 의미가 있는 것이지 나만 보라는 것은 아니다.
달을 가리키는 손가락을 보지 말고 달을 봐야 한다는 의미인 것
이다.

무종교인, 무신론자, 타종교인들 중에도 착한 사람이 많은데 이들은
죽어서 어디로 가는지요?

모든 인간은 죽으면 한 곳으로 모인다. 종교의 유무와 상관없
이 공통으로 적용되며 그곳에서 삶에 대한 심판을 받게 된다. 그
심판의 결과에 따라 본인들이 믿는 하늘로 재배치되는데 이는
종교도 계보가 있기 때문이다. 허나 이들은 하늘이라는 넓은 의
미의 부분적인 파트로서 단독적으로 움직일 수 있는 성격은 아
니다. 모든 것이 하늘의 뜻에 의해 각 파트로 전달되며 그 뜻을
받들어 사명자를 통해 지상에 전해져 오는 것이다.

우주는 너무나 넓고 다양하고 많은 종족이 존재하기 때문에 한
가지 모습으로 나타날 수 없다. 그래서 지구에서도 부처의 모습으
로, 예수의 모습으로, 알라의 모습으로 그들의 문화에 맞게 다른

모습을 띠고 살아온 방식과 언어, 문화의 차이에 의해서 특정 종
교의 형태로 세상에 존재하는 것이다. 이들의 가르침은 둘이 아니
다. 모두 하나이고 한 가지 뜻으로 모인다. 불완전한 인간들에 의
해서 둘로 나누어진 것이지 원래는 하나의 가르침이며 하나의 하
늘인 것이다.

그럼 사람이 죽으면 무엇으로 심판을 받는지요?

하늘에 대한 믿음, 종교에 대한 믿음은 보이지 않는 세계를 알
아가기 위한 전제조건일 뿐이지 그것이 판단의 절대기준은 아니
다. 종교를 믿는 사람이건 아니건, 수행을 하는 사람이건 아니건
모두가 공통적으로 심판을 받게 되며 그 심판의 기준은 '얼
마나 비우고 사랑하려고 노력하였는가' 하는 것이다.
비운 만큼 높은 하늘에 올라갈 수 있고 비운 만큼 맑
아지게 된다. 비움은 진화의 척도이다.

천국이란 높은 곳에 존재하며 높이 오르면 오를수록 완벽한
천국의 세계가 펼쳐지니 비우면 비울수록 천국에서의 혜택을 더
많이 누릴 수 있다. 사랑이라는 것은 나누고자 하는 마음이다.
나누고자 하는 것은 자신을 비우기 위한 또 다른 방편이니 사랑
을 하면 할수록 내가 없고 그 중심에 타인이 들어서게 된다. 이

는 자신을 비우기 위한 최상의 방법이며 비움으로써 하늘의 뜻을 온전히 알아챌 수 있는 것이다.

반면 지옥은 낮은 곳에 존재한다. 이것은 위치상의 개념이며 마음의 개념은 아니다. 낮은 곳이란 바닥이자 무거움을 의미하니 욕심과 이기심으로 가득 찬 마음이야 말로 지옥에 들어가기 딱 좋은 조건이다. 천국은 나누고자 하는 속성이 강한바 그 근본은 사랑에 있고, 지옥은 가지고자 하는 속성이 강한바 그 근본은 욕심과 이기심에 있다. 인간의 욕심과 이기심은 물질을 통해서 확인할 수 있으니 물질을 대하는 태도를 보면 측정이 가능하다.

비움이다. 비움만이 천국으로 들어가는 지름길이니 비움의 속성을 잘 알고 깨달아야 할 것이다.

종교의 목적은 모두 착하게 사는 것인데,
왜 천주교만 제일이고 다른 종교는 이단시하나?

착함을 넘어 하늘이 있음을 알리고 하늘의 일원으로서
어떻게 행동해야 하는지에 대한 가르침을 전하는 것이
종교의 목적이다.

13
신에게 묻다

종교의 목적은 모두 착하게 사는 것인지요?

착함이라는 것은 하늘의 뜻을 받아들일 수 있는 마음의 상태를 말하며 그러한 마음의 바탕이 되었을 때 하늘의 뜻이 내려오게 된다. 종교의 목적은 하늘의 뜻을 전하는 데 있으며 하늘의 뜻 중의 일부가 착하게 살아야 한다는 것이다. 착함을 넘어 하늘이 있음을 알리고 하늘의 일원으로서 어떻게 행동해야 하는지에 대한 가르침을 전하는 것이 종교의 목적이다.

그럼 천주교는 제일이고 다른 종교는 이단시 하는 행동에 대해서는 어떻게 바라보아야 하는지요?

사람들이 각양각색인 만큼 그들이 표현하는 하늘에 대한 믿음도 제각각 다르다. 그중 일부가 자신들이 최고인 양 맹목적인 믿음을 강조하면서 자기 안에 빠져 전체를 보지 못하고 자신의 경험이 최고인 양 하고 있다. 이런 시각을 가진 이야말로 우물 안의 개구리이다.

우주는 인간이 상상하지 못할 정도로 넓고 다양하다. 천주교는 세상에 전해지고 있는 다양한 가르침 중 하나로 우주의 작은 부분임을 알고 자신이 최고라는 논리에서 빠져 나와야 한다. 자신의 종교만 진리이고 나머지 사람들은 사탄이라며 이단시 하는 행위는 마치 자신의 고향에 대해서는 자부심을 가지면서 타인의 고향을 무시하며 자신의 고향만을 강조하는 것과 같다. 인간 사회는 더불어 살아가는 곳이라는 시각을 가지고 현재 자신의 위치가 어디쯤에 와 있는지에 대한 진지한 성찰이 필요하다.

일부 종교인들은 진지하게 가슴에 손을 얹고 답을 해보아야 한다. 그대들이 진정 하늘을 안다고 생각하는가? 그대들이 진정 예수가 말한 천국을 알고 있다고 생각하는가? 정말 알고 있다고 생각하는 이들은 그 같은 말을 할 수 없을 것이다. 하늘을 모른다고 선언하는 것과 다르지 않으니 그 무지를 바라보는 하늘의 심정은 참으로 안타깝지 않겠는가.

인간이 죽은 후에 영혼은 죽지 않고
천국이나 지옥으로 간다는 것을 어떻게 믿을 수 있나?

인간의 삶에 대한 평가는 반드시 있으며,
하늘은 한 치의 오차도 없이 정확한 잣대를 적용한다.

14
신에게 묻다

인간이 죽은 후에 영혼은 죽지 않고, 천국이나 지옥으로 간다는 것을 어떻게 믿을 수 있는지요?

삶은 고해이다. 고해의 바다에서 그나마 희망을 가지고 살아갈 수 있는 것은 이 고해로부터 언젠가는 벗어날 수 있다는 희망이 있기 때문이며, 그 희망이 오늘을 살아가는 힘이 된다.

삶이 행복한 사람이건, 불행한 사람이건 언젠가 맞이하게 되는 것이 죽음이다. 죽음으로 영혼도 사라지고 삶에 대한 평가도 없다면 인간에게 희망이 무엇이겠느냐? 한시적인 생명을 받아 살고 있는 지금 쌓아 놓은 모든 것들이 물거품이라고 생각하면 마음을 통제하고 욕망을 억제한 것들이 얼마나 후회로 다가오겠느냐? 기왕 태어난 삶이라면 내 마음이 내키는 대로 원 없이 하다가 가야 미련이 남지 않을 것이니, 천국과 지옥이 없다면 인간은 자신의 욕망대로 살게 될 것이며 인간의 이기심인 욕망을 채우기 위해서 누군가 희생 될 수밖에 없을 것이다.

삶은 자기중심적으로 돌아가게 되어 있다. 그러므로 인간은 이기적일 수밖에 없다. 하고 싶은 바를 해나감에 있어서 주변과의 조율이 필요하며 이 조율의 과정을 거쳐야만 의식이 성장하고 보다 나은 결과물을 낼 수 있다. 조율하며 지향해야 하는 것은 공동의 선善이다. 서로 다른 두 의견이 합하여 보다 낳은 결과물을 통해 사회는 발전적인 방향으로 가고자 하나 공동의 이익보다는 개인이나, 단체, 기업이나 국가의 이익에 초점이 맞추어지다 보니 상대적으로 피해를 보는 이들이 생기고 피해의 대부분이 약자에게 돌아간다. 힘이 센 단체가 보다 약한 단체를 흡수하고 자신의 세력을 불리려 하며 그렇지 않으면 음해하고 시기하여 매장하는 것이 현재의 흐름이다. 또한 가난한 나라의 자원과 노동력을 착취하여 부자 나라의 살림을 부강하게 하는 것도 오늘날의 정세이다. 그렇게 쌓은 부는 일부 소수에게 돌아간다. 이러한 불평등한 구조와 모순의 흐름에 브레이크를 걸고 돌아보도록 하는 것이 사후死後에 대한 정보이며 천국과 지옥이라는 개념이다.

양심에 맞게 바르게 살면 사후 좋은 곳으로 갈 수 있다거나 막연하지만 착하게 살면 복을 받는다는 말 때문에 이런 구조적인 모순에서도 열심히 살아보려고 하는 것이다. 만약 착하게 산 사람들이 죽어서 좋은 곳에 가지 못한다면 이 얼마나 허무하겠느냐. 반면 자신의 욕망을 채우고, 이기적인 행동을 일삼으며 부와 권력을 채운 사람들이 사후 악한 곳에 가지 않는다면 어찌 거대한 우주의 질서를 유지한다는 것이냐. 착하게 산 사람들의 원망을 하늘이 어찌 감당할 수 있겠느냐. 인간의 삶에 대한 평가는 반드시 있으며, 하늘은 한 치의 오차도 없이 정확한 잣대를 적용한다. 그러므로 양심을 속이며 사는 일이 없어야 한다. 그것이 천국으로 들어가는 지름길이다.

이와 같은 질문은 결국, 그런 세계를 보여 달라는 것이며 보이지 않은 것은 믿을 수 없으니 네가 먼저 나를 설득하라는 것이다. 지구에서나 통용되는 지극히 비즈니스적이고 거래적인 성격의 질문이라 할 수 있다.

허나 아쉬운 것은 인간이다. 인간은 죽을 수밖에 없는 존재이며 사는 동안 쌓아놓은 모든 것을 놔두고 가야 할 수밖에 없다. 제 아무리 집착하고 미련을 가진다 해도 가지고 갈 수 없으며, 또한 죽음을 피할 수 없는 것이다. 죽음의 순간에 맞이할 수밖에 없는 감정인 두려움과 허무를 사후에 대한 믿음이 없이 어찌 감당할 수 있다는 말인가……

천국과 지옥이란 무엇인지요?

천국은 영생의 삶이 주어지는 곳으로 생각하면 될 것이다. 사후는 의식수준에 따라 절대적인 진리의 힘이 적용되는 곳으로서 어느 정도 의식수준이 있으면 자신의 의사결정권이 반영이 되고 의식수준이 낮으면 자신의 의사보다는 하늘의 뜻에 의해서 움직이게 된다. 객체의 자유의지가 발현되는 것은 인간의 몸을 가지고 있는 짧은 한 평생이다. 이 한 평생 자유의지를 통해서 어떤 삶을 살아가는가에 따라 사후 자신의 위치가 결정되도록 되어 있다. 천국은 일정 수준 이상의 자격을 가진 이들이 들어갈 수 있는 곳이며 이곳에서부터는 어떠한 역할이 주어지고, 자유의지가 적용되며 영생의 삶이 펼쳐지게 된다.

지옥은 영의 의사와는 상관없이 아무런 역할도 없이 어두운 창고에 보관되어 동면 상태로 머무는 곳이다. 아무런 고통도, 생각도, 감정도 느낄 수 없는 곳이니 프로그램으로 치면 일시 정지된 상태이다. 그 상태에서 다음 인연이 주어질 때까지 대기해야 하니 그 지루함과 막막함이란 이루 말할 수 없이 큰 것이다.

인간은 영혼으로 이루어진 존재이며 영생의 존재이다. 이 뜻을 헤아려 하늘이 인간에게 원하는 삶이 무엇인지를 깨달아 그 삶에 맞게 자신의 인생을 조절할 필요가 있는 것이다. 이번 한 생의 삶이 본인의 영생을 좌지우지하므로 가볍게 여겨서는 안 될 것이다.

지옥이 그저 어두운 창고에 보관되어 아무런 의식 없는 상태에서 머무는 곳이라면 종교에서 가르치는 고통스러운 지옥에 대한 개념은 어떻게 보아야 하는지요?

인간의 두려움을 자극하여 하늘을 믿게 하기 위한 방편으로 그 같은 논리를 내세운 것이다. 인간의 취약점 중 하나는 영혼에 대한 정보가 부족하다는 것이며, 이 정보의 부족이 사후세계에 대한 두려움을 불러와 종교를 믿고 의지할 수밖에 없게 만들었다. 지옥은 고통에서 비롯되니 인간의 마음이 환상을 만들어낸 것이며, 실제 그런 고통스러운 마음이 그 같은 현상을 불러와 스스로를 지옥에 머물도록 하였다.

사후는 아는 만큼 갈 수 있는 곳이다. 그러므로 지금 말하는 천국과 지옥에 대한 정보도 당장은 믿을 수 없다고 해도 일단 의식 속에 저장되면 사후에 내비게이션의 역할을 하게 된다. 인간이 가지고 있는 마음의 한계는 아는 것 이상 풀어낼 수 없기 때문에 의식에 저장되어 있지 않은 것에 대해서는 알 방도가 없다.

사후세계에 대해 무지할 경우 어떻게 처신해야 할지 몰라 구천을 떠돌게 되며 후손들의 삶에 기웃거려 '귀신' 취급을 받게 된다. 이미 인간의 몸을 벗어났음에도 불구하고 계속 고통스럽고,

괴로워하는 것은 스스로 고통의 감옥 속에서 헤어나지 못하고 옥죄고 있기 때문이다.

왜 비움이 강조되는가? 이런 모든 고통과 원망, 스트레스의 기억들은 죽는 순간까지도 의식에 저장되어 끝까지 함께 가기 때문이다. 그러므로 죽어서도 고통스럽다고 생각하고 아프다고 생각하게 되는데 그런 생각들이 지옥의 환경을 형성하고 자신을 그곳에 가두어 스스로를 벌하고 있는 것이다.

신앙이 없어도 부귀를 누리고,
악인 중에도 부귀와 안락을 누리는 사람이 많은데
신의 교훈은 무엇인가?

부귀와 안락을 누리는 것이 인간의 시각으로 보면
좋은 조건으로 보이지만 하늘의 시각으로 볼 땐 영의 진화를
위해서는 오히려 좋지 않은 자리이기도 하다.

15

신에게 묻다

신은 부귀와 안락에 대해 어떻게 바라보는지요?

인간세상에 일어나는 모든 일에 우연은 없는 법이다. 모두가 누릴 만한 이유가 있어서 누리는 것이고, 가지지 못한 환경에서 자라는 것 또한 마찬가지이다. 전생의 업에 의해서 금생이 결정되는 것이니 모두가 전생의 삶에 따른 결과이다.

부귀와 안락을 누리는 것이 인간의 시각으로 보면 좋은 조건으로 보일지 모르지만 하늘의 시각으로 볼 땐 영의 진화를 위해서는 오히려 좋지 않은 자리이기도 하다. 왜냐하면 물질에 사로잡히는 순간부터 인간의 영성은 퇴보의 길을 걷기 때문이다. 물질이란 속(俗)의 성질로서 이것을 통해 모든 권력과 자유를 누릴 수 있으니 마음이 물질에 사로잡힐 수밖에 없는 것이다.

인간이 내면의 가치보다 물질의 가치를 더 소중히 여기고 우선시 여기는 이유는 본인들 자체가 육신이라는 옷을 입고 살아가고 있어서이다. 먹지 않으면 배고프고, 자지 않으면 피곤하고, 입지 않으면 추우므로 이런 모든 조건을 충족시킬 수 있는 돈이 삶에 중요한 가치가 되어 버렸으며 돈이 있어야 보다 좋은 여건에서 심신이 자유를 누릴 수 있기 때문에 돈에 집착하게 된 것이다. 그러다 보니 인간으로서 좋은 삶의 기준은 부귀와 그에 따른 안락이 되어버렸다.

인간세상에서 부를 쌓는 것이 나쁘다는 것이 아니다. 예로부터 가진 자들의 횡포와 추함이 우리 삶에 교훈으로 시사해주는 바가 있어서 부자는 나쁘다는 이미지가 많았으나 모든 부자가 그렇지는 않다. 부를 쌓으면서도 사회를 위해서 좋은 일을 하는 이들도 있으니 그들이야말로 하늘이 부여한 기업인으로서의 소명을 제대로 실천하는 이들이다. 기업인에 대한 하늘의 뜻은 기업 활동을 통해 사회를 이롭게 하고 공동의 선善을 확장함으로써 인간의 삶을 균형 있고 윤택하게 만드는 것으로 이것이야말로 진정 그들이 해야 할 일이다.

우주가 원하는 것은 흐름이자 조화로서 어느 한 곳에 정체되어 부패가 일어나는 것을 원치 않는다. 물질조차 기운이므로 기운이 원만히 흘러야 바른 세상과 건강한 사회를 이룩할 수 있으나 원만히 흐르지 못할 때 양극화 현상이 일어나 부익부 빈익빈의 사회구조가 형성된다. 이는 하늘의 뜻과는 정반대로 가는 것이다. 하늘은 인간의 힘에 의해서 어느 정도 균형으로 가기를 바라나 이것이 지나쳐 전체를 위기에 몰아넣을 시 개입하여 조정하니 이때 하늘의 뜻을 가지고 온 이들에 의해서 새로운 국면으로 전개되기 시작한다.

새로운 국면이란 인류가 그동안 겪어보지 못했던 상식 밖의 일로서 큰 변화를 말한다. 이는 양극화로 치우친 인간의 삶을 조정하여 균형으로 만들고자 하는 하늘의 뜻이다.

인간세상의 모든 갈등의 시작인 부와 빈, 선과 악을 통한 신의 교훈은 무엇인지요?

부와 빈의 양극화는 불평등이라는 갈등을 일으킨다. 하늘의 뜻은 그 갈등을 통해서 본질을 보라는 것이다. 본질이란 내면을 말하며 내면을 돌아보기 위해서 부와 빈의 양극화 속에서 고통스러운 환경을 설계한 것이다. 허나 이 설계에 변수도 함께 작용하여 극단적으로 움직이고 있는 상황이다.

현 시점은 물질의 한계에 이르렀다. 물질은 그것을 다루는 이들에 의해서 더욱 발전하거나 긍정적으로 활용되기도 하는데 현인류는 물질의 힘을 자신들의 욕심을 채우는 수단으로 활용하여 오히려 퇴화하는 방향으로 가게 했다. 사회 전반에 걸쳐 이러한 물질에 대한 부작용이 곪아 터지기 일보직전에 있으며 대부분의 종교도 물질의 부작용으로 본래의 뜻이 심각하게 왜곡되어

가고 있다. 현명한 이들은 이를 깨달아 속히 대안적인 삶을 찾아야 한다.

　현 문명으로는 더 이상의 발전은 불가하다. 이제 내리막길을 걷고 있으니 내리막길도 탄력을 받으면 무서운 속도로 붕괴되어 인류에게 크나큰 고통으로 다가올 것이다. 이 시기를 놓치면 그 어디에도 삶의 희망은 없는 것이니 부디 자신의 삶의 태도를 바꾸는 이들이 많이 나오기를 바라는 바이다.

성경에 부자가 천국에 가는 것을
약대(낙타)가 바늘구멍에 들어가는 것에 비유했는데,
부자는 악인이란 말인가?

'부자=악인'일 수는 없다.

16

신에게 묻다

성경에 부자가 천국에 가는 것을 낙타가 바늘구멍에 들어가는 것에 비유했는데, 부자는 악인인지요?

'부자=악인'일 수는 없다. 다만 돈을 어떻게 쓰는가에 따라 스스로가 악인이 될 수도, 선한 이가 될 수도 있는 것이다.

부자란 돈을 많이 벌고 재산을 많이 보유한 사람이다. 허나 돈과 재산이 많다고 해서 욕을 먹을 만한 이유가 되는가? 부자가 욕을 먹는 이유는 돈을 벌고 쓰는 방법에 따른 것이다.

돈을 벌 때 정당한 방법이 아닌 편법을 사용하여 속이고 기만해서 돈을 벌었다면 그것이 문제가 되는 것이다. 이는 자신도 속일 뿐 아니라 타인까지 속인 것이므로 그 죄가 몇 배로 커진다. 하물며 한두 명이 아닌 온 국민을 상대로 속이고 자신의 돈벌이의 수단으로 활용했다면 이것보다 더 큰 업은 없다. 또한 돈이란 그 쓰임에 따라 피라니아처럼 달라붙는 이들이 있으니 이들과 작당해서 돈과 권력이 손을 잡으면 지상에서는 이에 대항할 자가 없게 되는 것이다.

이들은 하늘 무서운 줄 모르고 돈과 권력의 힘만을 믿고 세상의 질서를 어지럽히므로 죄를 지을 수밖에 없다. 그들이 아무리 천국에 자신의 자리를 마련하기 위해 돈을 쓴들 아무 소용이 없는 것이다. 부자들이 천국에 들어갈 수 있는 방법은 오로지 선한 나눔을 통해서만이 가능하다. 자신들에게 몰린 부富를 사회를 위해 환원하고, 불평등의 부조화를 평등의 조화로 만들 때 비로소 그들에게 천국의 문이 열리는 것이다.

돈을 쓰는 방법도 마찬가지이다. 내가 부모를 잘 만나서 또는 사업을 잘 해서 얻은 이익은 나의 것이 아니다. 부모가 맡은 돈을 내가 잠시 공유하는 것이고, 사업 또한 내게 인연이 있어서 잠시 머무는 것일 뿐이다. 그러니 내게 온 돈의 인연을 보다 많은 사람들이 윤택한 삶을 살 수 있도록 사회에 환원하던가, 공영의 이익을 위해 써야 한다. 허나 그 돈을 마치 선심을 쓰는 것인 양, 자신을 내세우는 데 쓰면 그 복이 사라지게 된다. 또한 자신의 탐욕을 채우는 데 쓰는 것은 더할 나위 없이 마이너스 요인이 되는 것이다. 부자들이 꼭 알아야 할 것은 이 세상에 내 것이라 할 수 있는 것은 '정신' 하나밖에 없다는 것이다. 그러므로 내게 오는 모든 것도 잠시 인연에 의해서 머무는 것일 뿐 그것이 나의 소유는 아니라는 것이다. 내 것이라고 생각하는 순간 이미 마음 한편이 돈으로 가득차서 무거울 수밖에 없다. 그런 무겁고 비대한 마음으로 바늘구멍처럼 좁은 천국의 문을 통과하기란 불가능하다.

그럼 사람들이 부자들에 대해서 좋지 않게 생각하는 이유는 무엇인지요?

가진 것이 많다고 가지지 못한 사람을 무시하거나 경멸하는 부자들의 처신 때문이며 가장 큰 이유는 역시 불평등한 사회 구조 속에 있다. 지금 네가 있는 곳은 어떤지 살펴보라. 돈이 있는 사람만 대접받다 보니 없는 사람들은 상대적으로 소외감을 느낄수밖에 없다. 좋은 옷, 좋은 집, 좋은 음식, 좋은 차, 좋은 생활 등이 모든 것이 돈이 있어야만 가능하지 않더냐?

그러다 보니 가진 자들이 세상에 좋다는 것은 모두 향유하고, 그렇지 못한 이들은 그저 부러움이 가득한 시각으로 그들을 배아파하며 바라볼 수밖에 없다. 똑같은 노동을 해도 누구에게는 푼돈이 떨어지고 누구에게는 거액이 떨어지는 이런 구조적인 모순이 부자에 대한 이미지를 안 좋게 하였다. 약탈자라는 이미지가 강할 수밖에 없는 것이 가지지 못한 이들의 상대적인 시각인 것이다.

부자와 가난한 자를 바라보는 신의 마음은 어떠한지요?

신은 모두를 사랑한다. 부자라고 해서 미워하고, 가난한 자라고 해서 동정심이 일지는 않는다. 인간들은 모두 '세상'이라는 커다란 연극무대에서 맡은바 역할을 하는 '배우'이다. 지구라는 완벽한 무대가 인류 탄생 때부터 세팅되어 있었다. 즉, 이미 무대세트가 정해져 있었으므로 인간들은 단지 준비된 무대에서 맡은바 역할을 다하면 되는 것이다.

그 역할을 함에 있어 악역을 행하는 이들도, 선한 역할을 행하는 이들도 있는 것이다. 대표적으로 시대에 한 획을 그었던 위인이나 악인들은 그 역할을 하기 위해 지정한 이들이었다. 그들은 그 역할에 충실함으로써 사람들에게 본보기를 보였던 것이고, 사람들은 그것을 통해서 선을 배우고, 악을 배워왔다.

천국은 어떤 이들이 갈 수 있는 곳인지요?

천국은 오로지 비운 자만이 들어갈 수 있는 곳이다. 천국은 마음으로 이루어진 세계이다. 그러므로 마음으로 모든 것을 할 수 있으며, 마음먹은 대로 되는 곳이 천국이기에 마음에 때가 낀 이는 절대 들어갈 수 없는 곳이다. 쉬운 예로 자신이 사람에 대한 애정 없이 차가운 가슴으로 남의 잘못을 감싸기보다 비판하기만 하고 그들을 용서하지 못한다면, 그런 이가 천국에 갔을 때 함께 하는 이들이 마음에 들지 않는다고 못된 마음을 먹는다면 어떠 하겠느냐?

천국은 마음먹은 대로 되는 곳이므로 그가 먹은 마음이 상대 에게 고스란히 전달되어 상대가 해를 입을 수도 있는 것이다. 그 러므로 마음을 철저히 갈고 닦지 않으면 들어갈 수 없는 곳이 천 국이다. 질투와 이기심, 무관심의 마음으로는 절대 천국에 들어 갈 수 없다.

천국에 들어가는 열쇠는 사랑에 있다. 사랑 한가운데에서 답 을 찾아야 한다. 사랑의 속성을 깨닫고 온전한 사랑을 행해야 한다.

천국에 들어가는 열쇠가 왜 사랑에 있는 것인지요?

사랑이란 기본적으로 마음을 나누는 것이다. 마음을 나눈다 는 것은 너와 내가 다르지 않으며 나에게는 특별한 존재라는 뜻 이다. 그러므로 내 것을 아낌없이 주게 된다. 이 같은 사랑은 남녀 관계와 부모자식 간의 관계에서 보여진다. 그래서 끈끈한 유대관 계가 형성되고 그 사랑을 지키려고 무엇이든 할 수 있는 것이다. 하늘은 이 같은 사랑의 힘을 남녀와 가족 간의 관계를 넘어 이웃으로 넓히기를 바라고 있다.

내 것이 없을 때 천국의 문이 보이며, 이웃을 위한 사랑을 실천할 때 열쇠를 찾을 수 있기 때문이다. 가족을 버려 이웃을 사랑하고, 남녀의 사랑을 버려 모두를 사랑할 때, 그리하여 이웃과 가족, 사랑하는 사람이 모두 똑같은 마음으로 다가올 때 천국의 문은 가까이 있게 된다. 이 모든 것을 똑같은 무게로 느낄 수 있으려면 비워야 한다. 비워야만 모두를 치우침 없이 사랑할 수 있으며 만약 어느 한 쪽에 마음이 쏠려 균형이 흐트러진다면 천국의 문을 열 수 없게 된다.

균형이다. 균형만이 천국의 문을 열 수 있다.

이태리 같은 나라는 국민의 99%가 천주교도인데
사회혼란과 범죄가 왜 그리 많으며,
세계의 모범국이 되지 못하는가?

인간세상을 바꿀 수 있는 것은 개개인들의 마음이 변할 때이며,
마음이 변하면 반드시 행동으로 그 결과가 도출되어
세상이 변화하게 된다.

17

신에게 묻다

이태리 같은 나라는 국민의 99%가 천주교도인데, 사회혼란과 범죄가 왜 그리 많으며, 세계의 모범국이 되지 못하는지요?

이태리 국민이 99%가 천주교도라고 하여도 진정으로 하늘을 믿고 따르는 자가 그 중 몇이나 되겠느냐? 로마 교황청이 이태리에 있으나 그것은 어디까지나 상징성에 불과한 것이다. 믿음은 강요해서 되는 것이 아니다. 오로지 개인의 심신의 깊이에 달려 있기 때문에 개인마다 다르다. 그러므로 나라 전체가 천주교를 믿는다고 해서 그 사람들의 믿음까지 온전할 것이라는 생각은 옳지 않다.

그럼 믿음이란 무엇인지요?

신앙에 있어서 가장 중요한 것이 믿음이다. 인간이 착각하고 있는 것 중의 하나가 '믿음'과 '이해'이다. 물질은 이론적인 근거를 통해서 발전하며 그 바탕에는 과학이 자리 잡고 있으므로 과학적인 사실만이 진실이라고 믿는 사고가 팽배해져 있다.

과학은 어찌 보면 진실을 규명하는 것이다. 왜 이렇게 될 수밖에 없는지 분석하고 그 구조를 파악하여 이해시키는 것, 이것이 과학이다. 그래서 과학적으로 입증된 사실은 인간을 이해시킬 수 있고, 그것은 논란의 여지없이 하나의 사실로 받아들여지는 것이다.

하지만 '이해'시킨다고 해서 그것이 '믿음'으로까지 연결되지는 않는다. 그냥 사실을 인정만 할 뿐이다. 나와는 별개 영역으로 생각하고 나와는 맞지 않는다고 생각할 수 있기 때문에 분리된 개념으로 볼 수 있다.

이해의 영역과 믿음의 영역은 다르다. 이해는 머리에서 시작하여 머리에서 끝나며, 믿음은 머리에서 시작하여 가슴으로 내려와 가슴에서의 느낌을 통해서 더 깊이 뿌리를 내리게 된다. 인간이 교육으로 할 수 있는 부분에는 지식의 전달을 통해서 이해시키는 것과 역사적 사실을 전달하는 것이 있다. 하지만 이런 지식도 가슴에 울림이 없으면 그것이 지식으로만 그치니, 마음에 근본적인 변화를 이끌어 내기 어렵다. 마음은 가슴에 있는 영역이며 생각하고 이해하는 머리와는 구분되기 때문이다.

믿음은 느끼는 것이고 느끼려면 머리의 판단을 내려놓아야 한다. 자신의 생각이 벽을 만들기 때문에 다른 존재와 교감할 수 없게 되므로 신을 알고 싶거든 머리로 이해할 것이 아니라 가슴으로 느껴야 하며, 그 음성 또한 가슴으로 느껴야 한다. 인간의 마음은 가슴에 있기 때문에 가슴과 가슴끼리 만나서 교감할 수 있는 것이다. 그래야 서로를 신뢰할 수 있고 믿음이 생길 수 있다.

신 또한 가슴으로 교감하는 분이다. 신의 속성인 사랑도 가슴으로 느껴야 하는 것처럼. 신을 머리로 이해하고 사랑 또한 머리로 이해하려고 한다면 그것은 온전할 수 없다. 머리로 이해하는 사랑은 계산된 사랑이고 논리적인 사랑이다. 사랑은 논리적일 수 없으며, 계산적일 수 없다. 사랑은 무조건적이어야 하며 아무 경계 없이 오가는 것이다. 그것이 사랑의 실체이다. 떡 하나를 가지고 있을 때 이웃 아이가 배고프다고 하면 나누어 주는 것이 사랑이다. 우선 내 아이부터 챙겨야지 하는 마음이 들거나 망설여진다면 온전한 사랑이라 할 수 없다.

위의 질문은 종교가 세상을 바꾸어야 한다는 뜻이 있는 것 같습니다. 그러면 종교를 통해서 세상이 바뀔 수 있는 것인지요?

종교로 세상을 바꾸는 것은 가능하다. 단 올발라야 한다는 절대적인 기준이 있어야 한다. 물질문명이 발달하면서 종교도 그 영향을 받게 되어 현재 일정 부분 퇴색한 것 또한 사실이다. 그 영향으로 기복신앙의 종교가 탄생했으나 이는 하늘의 뜻이 아니다. 인간세상을 바꿀 수 있는 것은 개개인들의 마음이 변할 때이며, 마음이 변하면 그 다음엔 행동으로 그 결과가 도출되어 세상이 변화하게 된다.

세상을 바꾸는 것은 이처럼 개인에게서부터 비롯되는 것이지 믿음에 근거하는 것은 아니다. 믿음이란 조건일 뿐이고 함께 하려는 마음의 순도이다. 그 믿음을 확장시키고 이룰 수 있는 것은 인간의 노력이다. 하지만 노력하는 것 하나 없이 오로지 신에게 기도만 열심히 하고는 들어주지 않는다고 푸념하는 것은 참으로 어리석은 짓이 아닐 수 없다.

신이 인간의 마음을 들여다보며 관심 갖는 것은 인간이 원하는 것이 무엇인가에 있다. 자기와 가족만을 위한 것이냐 아니면 보다 공영적인 의미이냐에 따라 관심을 보이기도 하고 외면하기도 하는 것이다.

신의 속성은 사랑이다. 그러므로 이웃을 사랑하는 마음이 가득할 때 신과 공명현상이 일어나고 반응을 불러오는 것이지, 그런 마음이 없는데 신의 음성을 듣고 소원을 들어주기를 바라는 것은 욕심인 것이다.

신앙인은 때때로 광인처럼 되는데,
공산당원이 공산주의에 미치는 것과 어떻게 다른가?

신이 인간에게 원하는 것은 복종이 아닌
자신과 같은 동격의 인격체로서 성장하는 것이다.
성숙한 영혼일수록 자유의사를 존중하고
그 뜻을 헤아려 들어주는 것이 신의 입장이다.

18

신에게 묻다

신앙인이 때때로 광인처럼 되는 이유는 무엇인지요?

신을 열렬히 사랑하기 때문이다. 이것은 짝사랑에 비유할 수 있다. 사랑이 지나치면 스토커가 되는 것처럼 지나친 사랑은 때론 주변을 불편하게 하는 것도 사실이다. 신에 대한 믿음과 사랑은 좋은 것이나 신이 원하는 것이 무엇인지를 모르고 하는 사랑은 일방적이며 이기적인 사랑이다.

신의 음성을 듣기 위해서 간절히 기도하고 오로지 하늘만을 바라본다고 해도 자신이 신의 음성을 들을 수 있는 상태가 아니면 들을 방법이 없다. 하여, 스스로 신이 나에게 바라는 것은 이런 것일 것이야 하고 추측하면서 자신의 믿음에 대해 합리화하는 경향이 많은 것 또한 사실이다. 신의 뜻을 온전히 이해하는 자는 그렇게 극단적인 방법으로 사랑을 표현하지 않는다. 신은 그 시간에 타인을 위해서 사랑을 실천하기를 바라시지 자신만을 믿고 따르기를 바라지는 않는다.

그럼 그렇게 열렬히 광인처럼 믿고 따르는 신앙인을 신들은 어떻게 보시는지요?

때론 신앙심이 깊은 이들에게 가르침을 내리기도 하지만 종교의 틀을 벗어나기란 어려운 일이라 더 이상 발전하지 못하는 것이니 가엽고 슬픈 마음으로 바라보고 있다. 모두가 귀한 아들딸들이 아니더냐. 다만, 살아온 환경과 겪어가는 경험이 다르다 보니 그렇게 인연이 닿아 그 자리에 있는 것이니 안타까운 마음으로 바라보고 있다.

신이 인간에게 원하는 것은 복종이 아닌 자신과 같은 동격의 인격체로서 성장하는 것이다. 주인과 종처럼 절대믿음과 절대복종의 관계가 아니다. 오히려 성숙한 영혼일수록 자유의사를 존중하고 그 뜻을 헤아려 들어주는 것이 신의 입장이다.

신앙인이 신을 온전히 섬기는 방법은 무엇인지요?

우선 신이 원하는 것이 무엇인지를 알아야 하지 않겠느냐? 인간들도 사랑할 때에는 상대방이 원하는 것이 무엇일까를 먼저 생각하고 그것을 해주려고 노력하지 않더냐? 그것이 진정한 관심이고 애정표현인 것처럼 신을 섬기고 사랑하는 것도 마찬가지이다. 신이 정말 나에게 바라는 것이 무엇인지를 먼저 고민하고 살펴보고 먼저 애정 표현을 해야 하는 것이다. 신에 대한 애정 표현이 무엇이라 생각되느냐?

우선 온전한 믿음이 아닐까 합니다. 그리고 신이 원하는 것을 함으로써 기쁘게 해드리는 것이 아닐는지요?

그렇다. 정확하다. 그것에 덧붙여 말하자면 온전한 믿음에 관해서 인간이 알아야 할 것이 있다. 오로지 신을 그 자체로 믿는가? 아니면 계산된 의도가 있는가?에 따라 다르다 할 수 있다.

신 그 자체로 믿는 것은 순도 100%의 마음으로 투명한 마음이자 자신을 비운 상태이다. 이것은 아주 긍정적인 결과를 불러오지만 계산된 의도가 있는 믿음은 불순물이 들어간 것과 같아 강도 면에서는 약하다 할 수 있다. 신의 음성을 듣고, 그 존재를 확인하고 싶다면 인간이 먼저 정성을 보여야 한다. 그 정성으로 쌓은 탑이 일정 높이를 이룰 때 하늘이 반응하는 것이다.

허나 정성의 탑을 쌓는 데 있어서 불순한 의도가 있다면, 기초가 부실하므로 얼마가지 않아 탑이 무너지는 결과를 가져오게 된다. 그러니 아무리 신의 화답을 받고 싶어도 받을 수 없게 된다. 계산된 믿음이란 무엇인가를 바라는 마음이다. 그것이 가족의 일이 될 수도 있고, 자신의 일이 될 수도 있다. 이 모두는 가족의 건강과 돈, 명예 등을 얻기 위한 수단적인 방법으로 신의 힘을 빌리려는 마음이다. 이런 계산된 마음으로 신이 함께 해주기를 바란다는 것은 어리석은 짓이자, 신을 기만하는 일이다.

모든 것을 속속들이 알고 있는 것이 신이다. 인간들의 마음이 이곳에서는 그대로 드러나기 때문에 그 의도가 선명히 드러나는 것이다.

그럼 원래 질문으로 돌아가 신앙인이 광인처럼 되는 것과 공산당원이 공산주의에 미치는 것과 어떻게 다르다 할 수 있는지요? 차이점이 있는 것인지요?

마음의 에너지로 보면 두 가지 모두 믿음을 근거로 해서 충성심을 이끌어낸 것이기 때문에 차이는 없다. 다만 서로 처해 있는 위치가 다르고 목적이 다를 뿐이다.

가끔 지하철이나 명동 같은 데서 이런 맹목적인 믿음으로 "불신지옥, 믿음천국"을 외치는 분들이 있어서 눈살을 찌푸리게도 하는데 어떻게 하는 것이 신에게 누가 되지 않는 행동인지요? 맹목적인 믿음이 광신도처럼 보이기도 하고 한편으로 신을 전하고자 하는 간절한 마음 또한 느껴지기도 합니다.

인간이 신의 뜻을 알고 그대로 행동할 때는 신에게 누가 되지 않는다. 반대로 신이 원하는 것이 무엇인지도 모른 채 오로지 내가 섬기는 신이라며 맹목적인 믿음을 강조하고 신의 이름으로 자신의 뜻을 전하고자 한다면, 신에게 누가 될 뿐 아니라 오히려 신을 욕되게 하는 행위가 된다.

본래의 신의 뜻은 입에서 입으로 수 세기에 걸쳐 전해지면서 상당 부분 왜곡되어 전달되었다. 요즘 나와 있는 경전들은 온전한 신의 뜻이 담겨있는 것이라 보기는 어렵다. 시대에 걸쳐 인간들이 조금씩 자신들에게 유리한 입장으로 정리하고 그들끼리의 타협을 통해서 신을 위한 신앙이 아닌 그들을 위한 신앙이 된 경우가 많은 것이 현재 종교의 현실이기 때문이다. 신이 자신을 믿고 따르는 이들에게 바라는 것은 오로지 순수한 믿음으로 신을 섬기는 것이며 계산된 믿음으로 신을 믿지 말라는 것이다. 그것은 그가 믿고 있는 신에게 부담으로 작용하며 힘들게 하는 일이다.

특정 장소에서 신을 섬기려 하지 말라. 이웃을 통해서, 자연을 통해서 섬겨야 한다. 신은 자신보다 낮은 이들에게 머물러 있으며 낮은 마음을 가진 자에게 그 모습을 드러내시기 때문이다. 그래서 나보다 힘들고 고통 받는 이웃을 통해서 신을 찾는 것이 가장 빠른 지름길이다.

왜 힘들고 고통 받는 이웃을 통해서 신을 찾는 방법이 빠른 지름길이 되는지요?

신의 속성이 '사랑'이기 때문이다. 그러므로 신은 사랑이 가장 필요한 곳에 머물러 있으며 그 사랑을 알 수 있을 때 비로소 신의 뜻을 알 수 있게 된다.

어려운 이웃이라는 것은 상대적으로 도움이 필요하다는 것이며, 그들을 돕기 위해서는 나를 희생해야 한다는 조건이 따르게 된다. 그것이 시간이 될 수도, 노동이 될 수도, 돈이 될 수도 있다. 그렇게 자신의 것을 일부 나누어줌으로써 순간 남을 받아들일 수 있는 마음의 상태가 만들어지고 그때 잠시 너와 나의 경계가 없어지는 체험을 하게 된다.

너와 나의 경계가 없을 때 신은 나타나며 이때가 비로소 마음의 문이 열린 상태이다. 인간이 자신의 것을 나누어줌으로써 경험하는 것이 바로 신의 사랑이다. 그 사랑을 느끼기 위한 조건이 마음이 열린 상태라는 것이다. 아무 조건 없이 마음이 열렸을 때 더 진한 사랑을 느낄 수 있다. 이것이 계산되지 않은 믿음이다. 신이 원하는 대로 이만큼 이웃을 위해서 썼으므로 천국에 들어가게 해달라는 식은 잘못된 믿음이다. 그렇게 쓰인

돈은 자기만족에 지나지 않는다.

　물질을 벗어난 세계에 머무는 신이 돈이 필요할 리 없다. 그 돈
으로 이곳에서 할 수 있는 것은 아무것도 없다. 생각해 보라. 그
돈이 필요한 것이 누구이겠느냐? 신이겠느냐? 아니면 인간이겠
느냐? 돈은 인간세상에 통용되는 것이며 인간에게나 필요한 것
이지, 신에게 필요한 것은 아니다. 그러므로 신이 돈을 원한다고
하는 것은 모두가 거짓이라 할 수 있다.

천주교와 공산주의는 상극이라고 하는데, 천주교도가
많은 나라들이 왜 공산국이 되었나?
예) 폴란드 등 동구제국, 니카라구아 등

천주교와 공산주의는 상극이 아니다.
다만 그것을 사용하는 이들에 의해서 원래의 참뜻이
왜곡되고 변질되어서 그리 비춰진 것이다.

신에게 묻다

천주교와 공산주의는 상극인지요?

천주교와 공산주의는 상극이 아니다. 오히려 서로가 통하는 부분이 많으니 친구라 할 수 있다. 다만 그것을 사용하는 이들에 의해서 원래의 참뜻이 왜곡되고 변질되어서 그리 비춰진 것이다.

원래의 참뜻이 왜곡되고 변질되었다는 것은 무엇인지요?

하늘이 물질세계인 지상에 원하는 것이 있다면 부의 고른 분배와 유통이다. 물질도 기운이므로 고르게 흘러야 전체가 윤택해지고 고른 발전을 이루며, 그래야 차별 없이 성장할 수 있다. 신에 대한 수직적인 절대믿음을 토대로 인간들끼리의 수평적인 관계가 형성되었을 때 조화로운 세상이 펼쳐질 수 있는 것이다.

공산주의의 본래 취지는 부의 고른 분배와 유통이며, 상하의 수직적 개념이라기보다는 모두가 동등한 입장인 수평적 개념의 이념이다. 이는 하늘에서도 원하는 가장 이상적인 모습이다. '사람 위에 사람 없고 사람 밑에 사람 없다' 속담은 하늘의 말씀이 지상에 전해진 것이며 그 뜻을 받들어 사회적 시스템으로 적용한 것이 공산주의인 것이다.

동구권의 국가들은 하늘의 원대한 뜻에 의해서 천주교의 믿음을 바탕으로 공산주의 이념을 실험한 곳이다. 이론상으로는 가장 이상적인 사회가 구현되어야 했었으나, 역시나 '인간'이라는 '변수'가 폐쇄적이고 독자적인 방향으로 이끌어 갔다. 이는 지상에서 어떤 사회를 구현할 경우라도 권력과 힘을 가지고 있는 특정계급의 양심이 어떻게 적용되는가에 따라 제도적으로 안정적인 시스템이 정착될 수도, 그렇지 않을 수도 있다는 것을 보여주었다. 아무리 수평적인 구조로 이끈다고 하여도 그 조직을 이끌어갈 수장들은 있어야 하며 그들의 리더십에 의해서 방향이 결정되도록 되어 있다.

공산주의는 사회를 움직이는 핵심 그룹의 리더들의 힘을 빼어 통치자의 힘을 한 곳으로 집중시켜 절대 권력을 마음대로 휘두를 수 있게 만들었으며 그 권력을 가진 자의 뜻에 의해 나라가 운영되도록 하였다. 그러므로 절대 권력을 가진 이가 어떤 마음을 가졌는가가 중요하게 작용할 수밖에 없었으며, 권력 유지를 위해 억압과 통제의 수단을 사용함으로써 공산주의가 부정적인 이미지로 비춰진 것이다.

공유재산제도의 실현은 빈부의 차를 없애려는 공산주의 원래의 취지대로 현 인류의 대안이자 자본주의의 부족한 부분을 채워 균형을 이루도록 할 수 있었다. 이 둘의 시스템이 적절히 조화를 이룰 수만 있다면 사회가 보다 건강히 유지될 수 있었으나 동구권 국가들이 공산주의가 될 수밖에 없었던 이유는 당시 나라를 운영하는 이들의 선택에 의해서였으며 종교가 그런 변화에 영향을 미치지는 못한 것이다.

그럼 종교와 정치는 어때야 하는지요? 지난 역사를 돌아볼 때 종교가 정치에 영향을 미친 흔적이 많습니다. 지금도 일부에서는 종교를 등에 업고 정치에 출마하려는 이들도 있는데요. 이는 어떻게 보아야 하는지요?

종교는 오로지 하늘의 뜻을 전하는 도구로만 활용되어야 한다. 하늘의 뜻으로 영혼이 정화된 인간들이 세상에 나아가 자신의 소명을 찾아 그 뜻을 실현하면 되는 것이다. 사람은 태어날 때부터 해야 할 일이 정해져 있다. 특정 부분 남들보다 뛰어난 재능을 가지고 나옴으로 인해서 그 일을 개발하고 찾는 것이 자신의 최우선적인 일이다. 그 일이 역할적인 면에서는 작은 일이 될 수도, 큰일이 될 수도 있는데 문제는 그 일을 하는 사람의 심성이 바르지 않다면 사회에 부정적인 영향을 끼친다는 것이다.

종교는 사람의 심성을 올바르게 인도해야 하는 사명과 그런 이들을 많이 배출해서 사회를 건강하게 만들어야 하는 의무가 있다. 허나 이런 본래의 취지가 많이 퇴색한 것이 대부분의 현 종교의 현실이며, 세를 불리고 부를 축적하는 데 기울어져 있는 것 또한 감출 수 없는 사실이다. 호사다마라는 옛 말처럼 막강해진 종교의 힘과 영향력으로 인해 그 힘을 빌리고자 정치인들이 기웃거리게 된 것이다. 그나마 종교가 종교로서 역할을 할 수 있었던 것은 몇 몇의 진정한 종교인을 통해서이며 그들의 헌신적인 사랑과 실천이 빛을 발해 그 빛으로 종교가 명목을 유지하는 것이다.

우리나라는 두 집 건너 교회가 있고, 신자도 많은데
사회범죄와 시련이 왜 그리 많은가?

교리를 통해서 그 가르침을 전하고는 있으나
그 가르침을 따르고 안 따르고는 전적으로 개인의 몫이다.
종교의 교리 또한 자기식대로 해석하여
믿고 싶은 것만 믿는 것이다.

20

신에게 묻다

범죄를 바라보는 시각은 어때야 하는지요?

이 세상은 선과 악이 반반 섞여 있으며, 그로 인해서 서로 간에 조화를 이루며 세상을 이끌고 나아가도록 되어 있다. 인간이 가지고 있는 생각 중 잘못된 것이 있다면 선과 악을 행위 그 자체만으로 판단하는 것이다. 하지만 인간은 누구를 막론하고 선과 악이 반반씩 있으며 그것이 상황에 따라 선을 택하기도 악을 택하기도 한다. 그러므로 일어난 일과 행동만으로 그 사람이 악한 사람이라고 단정 지을 수는 없다.

인간이 보기에 잘못된 행동으로 보이는 것도 그 사람의 입장에서는 그럴 수밖에 없는 이유가 있기 때문이다. 그것을 통제하는 의지가 부족하다든가 피치 못할 사정이 있어서 죄를 짓는 경우가 있으므로 열 가지 도덕을 잘 지키고 살았다 하더라도 한 가지 잘못으로 인해 악인으로 낙인찍히는 경우가 생기는 것이 인간세상이다. 그러므로 인간세상에는 영원히 착한 사람도 없으며, 영원히 악한 사람도 없다. 모두가 착함과 악함을 반반씩 가지고 있는 것이 인간임을 알고 이해해야 범죄를 바라보는 시각을 달리할 수 있다.

우리나라는 종교인이 많은데도 범죄가 많이 일어나는 이유는 무엇인지요?

세상에 범죄가 난무하게 된 것은 모두가 이기심 때문이다. 범죄란 다른 사람의 것을 힘이나 거짓으로 빼앗는 것이며 그렇게 해서 자신의 이익을 채우는 것이다. 이웃의 아픔에 무관심한 사람이 자신의 욕구를 채우기 위해서 하는 행동이 피해를 주고, 그 피해로 인해 상처받는 이들이 나오니 이를 업業이라고 한다. 이런 이기적인 마음을 통제하고 마음이 가야 할 방향을 가르치는 곳이 종교이며, 어느 정도는 그 역할을 하고 있으나 전부는 아니다.

오히려 종교를 통해서 더욱 이기적인 성향이 강하게 나타나기도 하는데 이는 종교의 가르침 때문이기보다는 개인의 성향으로 인한 문제로 볼 수 있다. 인간의 마음은 스스로 통제해야 하며 누가 대신할 수 없다. 종교 또한 교리를 통해서 그 가르침을 전하고는 있으나 그 가르침을 따르고 안 따르고는 전적으로 개인의 몫이다. 인간은 자기중심적이기 때문에 자기가 보고 싶은 것만 보고, 듣고 싶은 것만 들으며, 하고 싶은 것만 한다. 종교의 교리 또한 자기식대로 해석하여 믿고 싶은 것만 믿는 것이다. 그러므로 믿음의 기저에는 대부분 이기적인 마음이 깔려 있다고 보면 된다.

이런 이기적인 마음이 세상의 불균형을 불러오며, 부익부 빈익빈의 양극화를 불러오는 것이다. 내가 잘되고, 내 가족이 잘되기 위해서 신에게 기도를 한다고 치자. 그러면 신이 그 기도를 들어준다고 하였을 때 그럼 누군가는 잘못되어야 하고, 좌절을 겪어야 한다. 모두를 차별 없이 사랑하는 신의 속성으로 이와 같은 일을 한다는 것은 있을 수 없는 일이다. 그러므로 '내가 잘살게 해주십시오.' 라든가, '우리 자녀가 좋은 대학이나 직장에 들어가게 해주세요.' 라는 식의 기도는 신이 들어줄 리 없는 것이다.

범죄의 경우 이기심을 기반으로 한 욕심과 이익 때문에 생기는 일이므로 지휘고하를 막론하고 어느 누구도 이로부터 자유로운 사람은 없다. 자신 안에 악한 마음을 잘 다스리지 못하면 범죄를 저지르니 그 속성은 이기심이라는 것을 명심해야 한다. 이기적인 마음은 주변 누군가에게 부담을 주고 피해자를 낳으므로, 그런 기도를 한다든가 전체를 보지 않고 자신의 입장만을 생각하는 모든 행위 자체가 피해자를 낳는 범죄임을 알아야 하는 것이다.

로마 교황의 결정엔 잘못이 없다는데,
그도 사람인데 어떻게 그런 독선이 가능한가?

하늘의 섭리를 모르는 이들의 경우
일방적으로 하늘의 법을 따르는 일이
자신의 자유의지를 박탈당하는 것처럼 생각할 수 있다.
이들에게는 자신을 비우고 단련시키는 과정이 필요하며
이때, 하늘에 대한 절대적인 믿음과 복종이 요구된다.
그래야 법이 흐르고 전수되는 것이다.

21

신에게 묻다

교황의 결정엔 잘못이 없다는데, 그도 사람인데 어떻게 그런 독선이
가능한지요?

교황은 인간에 의해서 선출되기는 하나 하늘의 뜻이 인간에
게 전해지는 것이기에, 일부 인간의 뜻과 하늘의 뜻이 일치해서
이루어낸 결과로 보아야 한다. 허나 그 이후 하늘의 뜻을 온전히
받들 수 있는지의 여부는 오로지 교황의 그릇에 따라 정해진다.
그가 온전히 자신을 비울 수만 있다면 비워진 자리에 하늘이 내
려올 수 있으며 그렇게 내려온 자리에서 나오는 생각은 하늘의
뜻일 것이다. 이때 하늘의 뜻은 온전하며 법 그 자체이다. 그러므
로 이런 하늘의 뜻이 잘못될 경우는 없으며, 이를 받아들이는 인
간들이 어떻게 해석하느냐에 따라 달라진다.

이는 독선과 성격이 다르다. 하늘의 섭리를 모르는 이들의 경
우, 일방적으로 하늘의 법을 따르는 일이 자신의 자유의지를 박
탈당하는 것처럼 생각할 수 있다. 왜냐하면 인간의 불완전한 생
각으로 온전한 하늘의 뜻을 이해한다는 것은 분명 한계가 있기
때문이다. 이들에게는 자신을 비우고 단련시키는 과정이 필요하
며 이때, 하늘에 대한 절대적인 믿음과 복종이 요구된다. 그래야
법이 흐르고 전수되기 때문이다. 하늘을 의심하고 하늘이 대표
로 세운 자를 의심하는 것은 마음의 일부가 닫혀 있음을 의미하

고, 그 닫힌 마음이 하늘이 들어올 수 있는 문을 막는 결과로 나타난다.

서로 다른 가치관과 생활방식을 받아들이기란 쉬운 일이 아니어서 의심이 드는 것 또한 자연스러운 과정이다. 더군다나 보이지 않는 하늘과 신에 대한 믿음은 현실 세계에 사는 인간이라면 누구나 한 번쯤은 의심을 가질 수 있다. 허나 인간이 알아야 할 것은 인간이 가지고 있는 지식의 잣대로 결코 하늘의 뜻을 잴 수 없다는 것이다. 왜냐하면 인간의 지식은 보이는 것을 근거로 기준삼아 모든 것을 판단하기 때문에 보이지 않는 하늘과 신에 대해서 잴 수 있는 범위는 한계가 있을 수밖에 없다. 하늘의 뜻은 보이는 것과 보이지 않는 것을 모두 다 포함하고 있기 때문에 단면만을 가지고 판단할 수는 없다.

하지만 교황도 인간이기 때문에 일정 부분 자신의 생각이 들어갈 때도 있다고 봅니다. 내려오는 말씀에 의문을 제기할 수도 있다는 생각이고요. 그런 의문을 등지고 무조건 따라야 한다는 것은 믿음을 사라지게 하는 원인으로 작용하는 것은 아닌지요?

그렇다. 그렇기 때문에 그런 높은 자리에 있는 이들은 철저히 '자기 없음'이 따라야 하는 것이다. 자신의 생각으로 가득 찬 이에게 하늘의 뜻이 전해질 리 만무한 것이다.

민심은 천심이라는 말은 진리다. 제 아무리 높은 지위를 가지고 있다고 하여도 민심이 따라주지 않는다면 이는 잘못된 방향으로 가고 있다는 증거이며, 비록 하늘의 뜻을 받은 말이라 할지라도 그것을 실행하는 이들이 의문을 제기한다거나 동의할 수 없다면 재고해야 하는 것이다. 하늘의 뜻은 민중에게 하늘의 말씀을 전하는 것이므로 그러기 위해서는 민중의 마음부터 챙겨야 하는 것이 순서이며 민중들이 원하는 것이 무엇인지를 알고 가려운 곳을 긁어주면서 이치를 깨닫게 해주는 것, 그것이 하늘 공부를 하는 사람의 도리라 할 수 있다.

교황이 하늘을 온전히 따르는지를 어떻게 알 수 있는지요?

하늘의 말씀을 온전히 따르는 자인가를 판가름 하는 기준은 그 사람의 태도를 보면 알 수 있다. 진리란 말씀으로 전달되지만 인간에게는 行으로 나타나므로 인간이 진리의 말씀을 알아보는 눈이란 오로지 그것을 전하는 사람의 행동을 통해서 확인이 가능하다.

말씀 자체를 알아본다면 상당한 수준의 사람이나, 대부분의 사람들은 이를 알아볼 수 없으므로 그들을 설득할 수 있는 것은 드러나는 행동뿐이다. 테레사 수녀나 이태석 신부와 같은 이들이 존경받는 이유는 그들의 헌신적인 실천 때문이며 그 행동에 감동 받는 것이다. 아무리 좋은 말을 번지르르하게 한다고 해도 사는 모습이 존경스럽지 않다면 이는 하늘의 뜻을 알고 있는 이라 할 수 없다.

신부는 어떤 사람인가? 왜 독신인가?
수녀는 어떤 사람인가? 왜 독신인가?

적어도 자신의 모든 것을 바친 이만이
하늘의 이름을 거론할 자격이 있으니
신부와 수녀가 바로 그런 이들이다.

22
신에게 묻다

신부와 수녀는 어떤 사람인지요? 왜 독신인지요?

신부와 수녀는 하늘의 뜻을 전달하는 메신저이다. 메신저로서 온전한 역할을 다하기 위해서 독신이라는 길을 걷는 것이라고 보면 된다. 하늘의 뜻을 전달하기 위해서는 먼저 하늘의 뜻을 알아야 하는데 이를 알기 위해서 갖추어야 할 조건이 무엇이겠느냐?

분리된 것을 하나로 엮어주는 매개체로 너와 나의 경계를 없애주는 것, 그리고 인간과 신이라는 경계를 넘어 하나가 되기 위한 조건, 바로 사랑이다.

남녀 간의 관계도 사랑을 통해서 깊어지는 것처럼 하늘도 마찬가지이다. 사랑한다면서 다른 이에게 마음을 주고 양다리를 걸치면 그 배신감에 마음이 크게 상하게 된다. 남녀 간의 관계에서도 그럴진데, 하늘을 사랑한다고 해놓고서는 마음은 사랑하는 사람에게 온전히 빼앗기고, 가족에게 빼앗기고, 일에 빼앗긴다면 하늘은 서운한 감정을 감출 수 없는 것이다.

지금 이 순간에도 하늘의 음성을 듣고자 하는 이들은 스스로에게 물어야 한다. 나는 과연 얼마나 순수하게 하늘을 사랑하려고 했었는가? 내 마음 모두를 다 바치고, 나의 모든 것을 다 바쳐 열렬히 하늘을 사랑해 보려고 했었는가? 나보다 더, 사랑하는 사람보다 더, 내가 믿고자 하는 모든 신념보다 더 하늘을 사랑해 보려고 했었는가? 그런 마음이 아니었다면 하늘을 안다고 말하지 말아야 하며, 하늘의 이름을 거론하지 말아야 한다. 적어도 자신의 모든 것을 바친 이만이 하늘의 이름을 거론할 자격이 있으니 신부와 수녀가 바로 그런 이들이다.

그들은 종신서약을 통해 자신을 바친 이들이므로 하늘은 그 마음을 어여쁘게 생각하기에 그들에게 우선적으로 하늘의 음성을 들려주고자 한다. 허나 안타깝게도 신앙생활을 하면서 초심을 간직하는 이들이 드물다. 신앙생활을 하나보면 때가 묻게 되어 하늘의 음성을 점차 들을 수 없게 되므로 초심을 얼마만큼 오래 간직할 수 있는가가 하늘의 음성을 듣는 조건이 된다. 또한 몸은 종신서약을 통해서 독신으로 간다고 하여도 마음을 온전히 바치지 못해 지금도 수없이 갈등 속에서 자신과 싸우는 이들이 있으니 그 또한 안타까운 마음으로 바라보고 있다.

진정한 종신서약은 몸이 아니라 마음을 바치는 것이다. 자신의 마음을 돌아보고 내 마음이 빼앗기는 원인들을 찾아 분산되는 마음을 정리하고 오로지 한마음으로 하늘을 향할 때 신의 음성을 들을 수 있게 된다.

성직자들은 종신서약을 통해서 그런 조건이 가능하나, 일반 신도들의 경우에는 믿음을 강화시키기 위해서 마음을 정리하는 것이 쉽지 않을 듯싶습니다. 가족의 평화를 위해서 자신의 마음을 다스리는 방법으로 신앙생활을 하는 이들도 상당수 되고, 또한 사회활동을 통해서 형성된 관계를 소홀히 할 수 없으므로 온전히 마음을 정리한다는 것이 쉽지 않을 듯싶습니다.

신을 섬기고자 하는 이들은 신을 섬기려고 하는 목적이 무엇인지 스스로에게 솔직히 물어야 한다. 신의 뜻과 사랑을 알고자 하는 마음이 넘치는 이들이라면 섬김의 자세가 되어 있는 것이나 신을 섬기고자 하는 마음이 다른 목적에 있다면 그것은 수단적 가치에 지나지 않기 때문에 신의 가르침을 알았다는 선에서 만족해야 하는 것이다. 하늘은 사랑으로 모든 것을 행하시나 다소 냉정한 잣대를 적용하기도 하는데, 그것은 신을 알고자 하는 노력이 일정 단계 이상 검증된 이들에게만 모습을 드러낸다는 것이다. 그 이전까지는 묵묵부답으로 바라보고만 있다.

신의 세계는 단지 믿음 하나만으로 가기에는 역부족이며 인간이 그 영역에 들어가고자 하는 노력이 선행되어야 한다. 신의 세계라 일컫는 천국의 문은 좁으며 그 좁은 문을 통과하고 나면 신천지가 펼쳐지나, 그 좁은 문을 통과하기 위해서는 인간이 가지고 있는 욕망과 집착, 이기적인 마음을 버려야 한다. 잔뜩 움켜쥔 마음으로 그곳을 들어가기란 낙타가 바늘구멍에 들어가는 것만큼 어렵기 때문이다.

성직자건 사회생활을 하는 일반인이건 알아야 할 사실은 자신의 믿음을 강화시키고 마음을 다스리는 훈련장이 바로 일상이라는 것이며, 그 일상에서 부딪히는 여러 가지 문제들을 인간의 시각이 아닌 신의 시각으로 바라보고 판단해야 하는 것이다.

지상은 천국으로 들어가기 위한 훈련장이며 삶이 주어진 이유가 단지 재산을 불리고 명예를 쌓는 데에 있지 않고 사랑의 마음을 나누고 실천하며 그 속에서 신의 마음을 깨닫는 데 있음을 한시도 잊어서는 안 되는 것이다. 신의 손길은 어디에도 미치지 않은 곳이 없어서 깨어 있는 이들은 그 손길을 느낄 수 있으며, 또한 그 손길은 오로지 사랑의 눈을 통해서만이 찾을 수 있다.

사랑은 인간이 신이 될 수 있는 가장 빠른 지름길이다. 사랑이 가득한 이들과 함께 하고픈 것이 신의 마음이다. 사랑이 충만한 이는 나와 이웃, 세상과 자연, 하늘을 위해서 기도하는 이들이다. 그들은 넘치는 사랑과 기쁨으로 사랑을 실천하는 이들이며 그것을 자신의 공이 아닌 하늘의 공으로 돌리는 겸손한 이들이라 할 수 있다. 너와 나, 가족과 이웃의 구분 없이 공정히 나누고자 하는 이, 이기심이라는 벽을 허물고 가족의 울타리를 넓힌 이들이 바로 사랑이 충만한 이들이다.

천주교의 어떤 단체는 기업주를 착취자로, 근로자를
착취당하는 자로 단정, 기업의 분열과 파괴를 조장하는데,
자본주의 체제와 미덕을 부인하는 것인가?

현 시대의 가장 큰 문제점은 부익부 빈익빈의 양극화에 있다.
부의 분배와 고른 유통은
조화와 순리로 가는 데 있어서 중요한 요소이며
기운의 흐름은 물질이라는 매개체를 통해서 흐르게 되어 있다.

23
신에게 묻다

자본주의 체제의 문제점과 미덕은 무엇인가요?

현 시대의 가장 큰 문제점은 부익부 빈익빈의 양극화에 있다. 부의 분배와 고른 유통은 조화와 순리로 가는 데 있어서 중요한 요소로 기운의 흐름은 물질이라는 매개체를 통해서 흐르게 되어 있다. 물질 또한 기운이다. 이 기운에 인간의 의사가 실리어 사회가 원활히 흐를 수 있도록 조정역할을 한다. 예를 들어 물질적으로 취약하여 발전이 더딘 곳이 있으면 그곳에 물질을 투입하여 고른 성장을 가져오게 해야 하며 이것이 인간의 양심적인 행동이다.

인간의 의식들로 형성된 사회는 자체 생명력을 가지고 있어 사회 구성원인 인간이 어떤 마음을 가지고 있는가에 따라 문화와 가치관이 형성되고 그것이 사회의 트렌드가 되어 흐름을 주도해 나간다. 인터넷이라는 정보 매개체를 통해서 전 세계에 실시간 공유되어 형성된 의식은 인간의 사고를 지배하고 보편적인 상식으로 통용되기 시작한다.

노력과 경쟁에서 이긴 자가 부를 누릴 자격이 있다는 자본주의에 길들여진 보편적인 의식은 자기만을 생각하는 이기적인 마음에서 비롯된 것이다. 경쟁은 발전을 위해서 긍정적인 요소로 작용하지만, 반드시 패배자와 피해자를 낳기 때문이다.

인간의 노력에 그만한 대가가 주어지는 것 또한 자연스러운 이치이다. 하지만 지나치게 되면 조화를 깨는 원인으로 작용한다. 자본주의는 경쟁을 통한 발전이라는 긍정적인 요소도 있지만 경쟁에서 이긴 자가 자본을 독식하는 난제는 사회적 갈등 요소를 야기하고 있다.

혈액 순환이 잘될 때 신진대사가 원활해져서 건강한 몸을 유지하는데, 이때 '피'에 해당하는 것이 인간사회에서는 '돈'이다. 지금 지구는 혈액순환이 제대로 이루어지지 않아서 중병에 걸린 상태로 피가 한 곳에 모여 정체되고 터지기 일보직전에 놓인 상태이다. 자본이라고 하는 피의 흐름이 세계 곳곳에 흐르지 못하고, 나라의 자본 또한 사회 전반에 걸쳐 골고루 유통되지 않고 어느 특정 계급에만 몰려 있는 상황이기에 정체되고 썩는 현상이 나타나는 것이며 그 정도는 매우 심각하다. 이와 같은 현상은 지구의 심각한 위기이며 사회적 혼란으로 이어질 것이다.

자본의 정체로 인한 지구의 위기는 무엇을 말하나요?

정체란 타인과 나의 관계뿐만 아니라 타생명과 인간과의 관계에도 해당된다. 이러한 관계의 단절로 인하여 인간은 많은 위기를 불러들이고 있다. 위기란 인간에 의한 생태계 파괴와 지구 온난화로 인한 이상기후를 말한다. 이는 무분별한 개발에 기인하며 물질 만능주의와 자본주의 경제체제가 만들어낸 결과물이다. 이익에 눈이 먼 인간들은 자연의 경고를 무시하고 이익을 얻는 데 열을 올리고 있지만, 지구는 인내 한계점이 극에 달해 참고 있던 폭탄을 곧 터트리려 하고 있다. 이는 지구가 자신의 몸을 치유하려는 자정작용이다.

현재 지구는 몸을 가르고 환부로 도려내야 하는 대수술을 앞두고 있다. 비유하자면 몸을 가르는 것이 지진이요, 그에 따른 고통의 울부짖음이 화산폭발이다. 그렇다면 암으로 변해버린 환부는 무엇이겠느냐? 바로 욕망에 사로잡힌 인간이다.

지구는 단순한 물질이 아니다. 지구는 엄연한 생명을 가진 생명체이며 생명체인 지구의 입장에서 암적인 존재가 바로 인간인 것이다. 자신의 세포가 돌연변이로 변해 자신을 공격하는 암세포는 자신의 건강한 세포들과의 싸움에 의해서 극복할 수 있다. 결국 위기의 지구를 구하는 것은 건강한 인간의 의식이며, 자본주의와 물질 만능주의에 길들여진 의식을 바꿈으로써 치유되어야 하는 것이다.

인간이 왜 암적인 존재라는 것인지요? 암으로 변한 인간의 모습은 어떤 모습인가요?

이해를 돕기 위해서 우주를 구성하고 있는 기본적인 입자인 기氣와 창조원리에 대한 설명이 먼저 필요하다. 우주는 거대한 의식체이며 우주를 창조하신 조물주 뜻에 의해 만들어진 기적氣的인 공간이다. 기란 인간의 몸으로 비유하자면 세포에 해당한다. 세포 하나에는 인간의 모든 정보가 담겨져 있는데 이것이 DNA이다.

조물주의 DNA인 기로 가득 차 있는 공간이 바로 우주이며 조물주 뜻에 의해 복제된 DNA는 무생물, 광물, 식물, 동물, 인간 등 각각 다른 모습으로 우주의 각종 생명체들의 창조가 가능해졌다. 이처럼 차등을 두고 탄생시킨 것은 각자 단계에 따른 역할이 있기 때문이며 그 역할에 충실하며 우주를 발전시키는 동력의 일부분으로서 존재하기를 바라시는 깊은 뜻이 있었다.

무생물은 광물로, 광물은 식물로, 식물은 동물로, 동물은 인간으로, 인간은 그 다음 종으로 성장하도록 설계하였으며 이중에서도 우주의 진화에 가장 중추적인 역할을 담당하는 인간이 스스로의 자유의지를 통해서 우주의 일부를 책임지는 성숙한 영혼으로 거듭나기를 바라신 것이다.

인간의 심성은 본래 맑았다. 하지만 돈이 중심이 되는 물질적 가치관이 팽배해지면서 개인의 이익을 우선시하여 마음의 가치보다 물질의 가치가 부각되며 빛을 잃어 갔다. 인간의 이기심과 무관심은 모든 것을 자기중심적으로 돌아가게 했으며 이 과정에서 피해자와 약자가 생겨났다.

바로 이런 이기심과 무관심으로 점철된 모습이 암적 존재인 인간의 모양새이다. 자본주의에서는 경쟁에서 이긴 자가 부를 얻을 수 있는 시스템이 극히 자연스러우나, 이익을 얻는 과정에서 나타나는 이기적인 속성에 의해 불거지는 비양심적인 문제들에 대해서는 무관심으로 일관하여, 그것이 인간의 마음을 식게 하고 자연을 황폐화시킨 것이다.

자본이란 많은 곳에서 적은 곳으로 흘러야 세상이 고르게 발전하게 되며 그럴 때 지구가 균형 잡힌 건강한 상태를 유지하게 되나 현재의 자본주의는 물질은 풍요롭고 모두가 먹고사는데 부족함이 없음에도 불구하고 나눔에 인색하고 자신의 재산을 불리는 데만 관심이 있다. 내 자식이 잘되기만을 바라고 지나치게 편애하는 마음이 이기심을 부추기고, 자신과 가족만을 중시하고 이웃의 일에 무관심한 마음을 불러일으켜 소통의 문제를 가져온 것이다.

소통은 흐르는 것이다. 경제는 돈의 흐름을 통해서 소통하고, 사회는 인간의 마음이 흘러 소통하며 문화를 형성해 나간다. 이 소통이 잘되어야 사회가 건강해지고 경제는 윤택해져 고르게 발전하게 된다. 허나 인간이 이익과 이기심라는 기본 구조를 버리지 못하다 보니 갈등이 심화되고 흐름이 정체되어 암세포로 발전한 것이다.

인간은 나눔을 통해서 좀 더 소통하고 사랑하는 법을 배워야한다.

지구의 종말은 오는가?

좁은 의미로 보면 지구의 종말은 오는 것이요,
넓은 의미로는 새로운 시작이다.

신에게 묻다

24번째 마지막 질문입니다. 지구의 종말은 오는지요?

좁은 의미로 보면 지구의 종말은 오는 것이요, 넓은 의미로는 새로운 시작이다. 좁은 의미란 인간의 시각이며 넓은 의미란 우주의 시각이다. 물질적인 사고에 바탕을 두고 있는 인간의 시각은 보이는 것만이 진실이고, 보이지 않는 것은 허황된 망상으로 여기는 경우가 많으나 이러한 생각은 지극히 제한적일 수밖에 없다. 제한된 생각이 만들어낸 상식이 고정관념을 만들고 운신의 폭을 좁히는 결과를 만들었다. 이런 좁은 사고와 물질적 생활방식에 길들여진 인간은 큰 변화 앞에서 바람 앞에 등불처럼 속수무책일 수밖에 없다.

지금 인간이 살고 있는 현실은 3차원의 공간이며 만져지는 모든 것들은 3차원을 구성하는 물질이고 이것을 활용하여 생활한다. 그러나 앞으로의 지구는 공간적인 이동을 통해서 수직으로 차원상승을 하게 되어 있다. 즉, 지구 자체가 물리적인 변화를 통해서 가벼워짐으로 인해 지금보다 높은 곳으로 상향 이동하는 것이다. 지구가 이동하면 지구에 살고 있는 모든 생명체들은 함께 가벼워져야 하며 가벼워진 인류들은 지구와 함께 생활터전을 5차원의 공간으로 옮기게 된다.

하지만 이러한 변화는 인간의 수준에 따라 다르게 맞이하게 된다. 인간이 생각과 생활태도를 바꾸지 않는다면 새로운 출발이 아닌 종말로서 맞이하게 된다는 의미이다.

지구가 3차원이라면 4차원은 어떤 곳이며 가벼워지지 못한 인류들은 어떻게 되는지요? 또 차원이 상승한다는 것은 어떤 것인지요?

4차원은 영계靈界로서 지구에서 졸업을 하지 못하고 다시 윤회를 해야 하는 영들이 대기하는 공간이다. 가벼워지지 못한 인류들은 함께 오르지 못하고 3차원의 공간에 남게 되는데 생활의 터전인 물리적인 공간인 지구가 차원상승으로 위치 이동을 함으로 인해 물질인 육체는 죽음을 맞이할 수밖에 없게 된다. 이들의 영혼은 3차원에서 4차원의 공간으로 이동되며 그곳에서 살아생전의 결과에 의해 이후의 삶이 결정된다. 인간은 영혼으로 이루어진 존재이고 영생의 존재이기 때문에 이때의 죽음은 육체의 죽음이므로 정신이 죽는 것은 아니다. 어느 공간에 머물며 영생을 살아가느냐의 차이가 있는 것이다.

차원이 상승한다는 것은 공간적으로 이동한다는 것으로, 생활공간의 형태가 달라짐을 의미한다. 지구는 물질적인 생활이 주를 이루고 있어 기운의 밀도가 강하고 큰 폭의 진동수를 가지고 있다. 진동은 움직임을 말하며 변화의 폭이 크다. 차원이 낮은 곳은 이같이 진폭이 큰 파장을 지니며 이 파장은 주변을 흔들며 영향을 주게 된다. 이런 불안정한 파장이 주변에 영향을 미치는 것을 막기 위해서 물질이라는 고체의 형태에 가두어 놓은 것이다.

이러한 3차원 물질계인 지구는 우주의 스케줄에 의해 차원상 승을 맞이하여 5차원으로 격상되게 되는데 이로 인해 지구의 모든 환경이 바뀌게 된다. 물질의 제약으로부터 자유로우며 보다 안정적인 파장을 띠게 되는 것이다. 파장이 안정적이라는 것은 감정의 기복이 지구보다 덜하다는 것이며 그로 인해 주변에 끼치는 영향이 적다는 뜻이다.

물질의 제약으로부터 자유롭다는 것은 구성분자가 물질의 형태가 아니라 진화한 반물질의 형태를 띠고 있다는 것이며 구성요소 또한 안정적이라 완벽하다고 할 수 있다. 완벽하다는 것은 불균형으로 인한 문제들이 해소된다는 뜻이다. 육체의 경우 불균형이 없어짐으로 인해 병들지 않고 늙지 않으며, 완벽한 에너지의 흐름으로 인해 최적의 건강상태를 유지할 수 있고, 그로 인해 세포가 재생되어 완벽한 젊음을 유지할 수 있다. 불완전한 인간의 몸으로 볼 때 완벽한 이상적인 세계가 바로 5차원의 공간이다.

마음이 몸을 지배한다는 이치를 보더라도 5차원의 반물질의 완벽한 몸을 유지하기 위해서는 몸을 지배하는 마음이 안정적이어야 한다. 지구에서와 같이 생로병사로 인한 마음의 갈등과 진폭이 큰 상태로는 반물질의 몸을 유지하기란 불가능하다. 그러므로 차원상승을 맞이하는 현 인류가 준비해야 할 것은 반물질의 몸을 통제할 수 있는 마음의 준비이다. 차원상승의 시기에 마음이 준비되어 있지 않다면 그 영혼은 차원상승을 하지 못한 채 다른 3차원의 공간에서 생로병사의 고통 속에 끊임없는 세월을 무지와 두려움 속에서 보내야 하기 때문이다.

반#물질이란 무엇을 말하는 것인지요?

물질이 한 단계 진화한 상태가 반물질이다. 이 세상에 영원한 것은 없다. 조금씩 변해가고 있으며 그 방향은 퇴보하거나 전진하는데 퇴보란 정체이며 이는 곧 썩어 없어짐을 의미한다. 전진이란 발전과 진화를 말하는 것이니 물질이 발전하여 진화한 상태가 반물질의 상태이다. 이는 기체의 상태가 절반, 고체의 상태가 절반씩 포함된 상태이다.

형상은 있지만 그 분자의 구조가 고체가 아닌 기체 상태에 가까워서 에너지의 흐름이 둔탁하고 무거운 고체에 비해 가볍고

활발하다. 에너지가 활성화되어 평균수명이 길어지고 병에서 자유롭게 된다. 인간의 육체가 자전거에서 자가용으로 바뀌는 것에 비유할 수 있다. 차원이 높을수록 몸을 이루고 있는 체體의 진화는 계속되며, 반물질에서 완전한 기체 상태의 몸으로 진화되면 완벽한 신의 경지에 이르게 된다.

차원상승은 갑자기 이루어지는 것이 아니다. 새로운 생명이 태어날 때도 정자와 난자가 만나 잉태하는 시간이 필요하듯, 지구가 5차원의 지구로 새롭게 태어나기 위해서는 잉태의 기간이 필요하다. 지구에 새로운 생명을 불어넣는 에너지는 '광자대*'라는 고차원의 에너지이다.

우주의 모든 것은 기氣로 구성되어 있으며 이 기의 변화로 말미암아 새로운 생명이 탄생한다. 기는 에너지로 그 종류와 성능도 차원마다 다른데 지구는 지금 눈에 보이지 않는 5차원의 광자 에너지를 받으며 서서히 환경이 변화하는 중이다. 이 광자 에너지 중 핵심 에너지대에 지구는 근접해 있으며, 이것이 지구에 영향을 미쳐 모든 물질은 형질 변화를 하게 된다. 그러므로 현재의 물질세계는 차원상승과 함께 종결될 것이며 광자에너지가 지

---

* 광자대 (Photon Belt) 지구에는 지구를 둘러싼 에너지 벨트로 자기장이 있는 것처럼, 우주에는 각 성단마다 성단을 둘러싼 에너지 벨트로 광자대 Photon Belt가 있다. 현재 지구를 포함한 태양계는 플레아데스 성단을 공전하면서 1만 3천 년 만에 이 성단의 광자대로 진입하였으며, 광자 에너지가 밀집되어 있는 광자대의 본대로 곧 들어갈 예정이다. 광자대에 들어가면 지구는 광자대로부터 생명의 빛을 받게 되어 지구 역사상 처음으로 4차원을 지나 곧바로 5차원으로 상승하게 된다.

나간 이후에는 새로운 물질인 반물질이 탄생하게 된다. 이 시기를 견뎌낸 인간은 마치 갓난아기와 같이 새롭게 태어난 상태가 되며 이는 새로운 인류의 태동을 의미한다.

위 말씀이 현대인의 입장에서는 보면 너무나 믿기 힘든 내용인 것 같습니다. 다소 SF적이고 공상만화에서나 나올 법한 내용인데 증명할 방법은 없는지요?

지금 지구촌 전반에 걸쳐서 일어나는 현상들에 주목할 필요가 있다. 지구 온난화는 이산화탄소 배출에 의한 것도 있지만 태양 에너지가 활성화됨으로 인해서 가속화하고 있음을 알아야 한다. 태양의 에너지가 활성화된다는 것은 자체 내부의 에너지 연소라기보다는 광자대의 영향이며 이유는 5차원 환경 조성에 필요한 열과 빛 에너지를 내기 위함이다.

조만간 인류는 이제껏 경험해보지 못한 강력한 태양폭풍을 맞이할 것이다. 이것은 본격적인 환경변화의 시작을 의미한다. 태양은 이때를 기준으로 이전과는 다른 열과 빛에너지를 발산할 것이며, 이때부터 지상의 모든 생명체들은 환경에 적응하기 위한 변화의 과정을 겪게 될 것이다. 한마디로 성장통이라 할 수 있다. 아이가 어머니 뱃속에서 나올 때 낯선 환경에 대한 두려움과 공포로 우는 것과 같이 이때 살아남은 인류는 태아가 겪는 경험과 유사하게 새롭게 변화한 낯선 환경에 적응해야 한다.

인류는 전례 없는 활발한 지진과 화산활동의 증가를 경험하고 있다. 불의 고리라고 하는 환태평양 조산대를 중심으로 활발한 지진활동이 일어나고 있으며 이는 지구의 핵의 움직임이 활발하게 진행되고 있다는 증거이다.

태양의 활동과 마찬가지로 5차원으로의 차원상승을 위해 지구는 자체 에너지를 끌어올리는 중이며, 이 역시 광자대에 의한 영향으로 에너지가 활성화되고 있다. 이 같은 변화는 현재 지구가 차원상승을 하기 위한 대변화 중이라는 증거이며 예정된 스케줄대로 진행하고 있다고 보면 되는 것이다.

대변화의 시기는 이미 시작되었다. 하지만 아직까지 인간이 피부로 느끼지 못하고 남의 나라 일처럼 여기는 것이 문제이다. 나 또한 우주를 구성하고 있는 일원으로서 인간들이 깨어나기를 바라는 마음에서 전달하는 것이다. 지구는 지금 차원상승의 시점에 와 있다. 물질적인 사고와 현실적인 사고에 길들여진 인간들이 보기에는 다소 황당하다 생각할 수 있으나 그런 인간의 생각과는 상관없이 우주의 스케줄에 의해 진행되고 있다.

넓은 의미로 보면 지금 겪고 있는 지구의 변화는 새로운 시작이라고 하셨습니다. 이런 지구의 새로운 시작을 준비하기 위해서 현재 인류가 해야 할 일은 무엇인지요?

'왜 이런 일이 오게 되었는가?'에 대해서 명확히 인지해야 한다. 우선 우주의 스케줄을 주관하는 신의 입장에서 분명히 말하건데 앞으로 다가올 고통과 시련은 인간의 무관심과 이기심이 불러온 것임을 알아야 한다. 그러므로 누구를 원망해서는 안 되는 것이다. 분명히 이전에도 또 지금 이 순간에도 하늘은 하늘을 대변하는 이들을 통해서 그 뜻을 전했으니 그것을 알아보지 못하고 허황되고 거짓된 이야기로 치부한 본인들의 잘못이다. 하늘은 인간의 삶이 변하기를 바라신다. 아주 애타게 말이다……

물질만능주의에 빠져 헤어 나오지 못하고 있는 인간들은 물질이 주는 풍요로움의 허와 실을 분명히 깨닫고 대안적인 삶을 추구해야 한다. 허虛란 물질만능주의에 의해 가치가 하락한 인간의 존엄성이다. 인간이 인간다울 수 있는 것은 양심과 도덕성이 있기 때문이며, 이것을 키우고 발전시키는 것이 인간다운 삶이나 지금은 양심과 도덕성이 외면 받고 있는 상황이다. 이것이 문화를 형성하여 인간의 가치관을 지배하다 보니 물질 위주의 삶을 살게 된 것이고 점차 자연과 멀어져 도시만 거대해진 것이다.

지금의 도시문명은 철저한 소비 위주로 쓰레기를 양산하여 자연에 부담을 주어 스스로의 생명력을 갉아먹고 있다. 도시문명이 발달하면 할수록 지구의 신음이 점점 깊어져 가게 된다. 이런 삶을 자급자족하는 순환하는 삶으로 바꾸어야 한다. 자연을 가까이 하며 자연과 공존하고자 하는 삶이 순리이자 조화로운 삶이 되는 것이다.

실(實)이란 물질을 통한 삶의 양면성을 들여다보고 의식 성장 기회로 삼아야 함을 말한다. 고통은 인간의 영성 진화를 위해서 반드시 필요한 요소이며, 이 고통의 이면에 숨겨진 하늘의 뜻을 깨닫고 고통을 행복으로 바꿀 수만 있다면 영은 급속히 진화하게 된다. 물질문명을 대표하는 자본주의 시스템은 하늘의 의도에 의해서 도입된 것이며, 지금은 그 의도만큼 훌륭한 역할을 하고 있다.

그 의도 중 부정적인 역할은 크게 작용했으며 긍정적인 요소는 미미하였다. 부정적인 역할이란 양극화로 인한 극단적인 체험을 하는 것으로 극과 극에서 만나는 극단적인 감정들을 통해서 선함 뒤에 숨겨진 악함, 악함 뒤에 숨겨진 선함 등을 발견하고, 이 두 가지를 통해 중용의 시각을 가지기를 바라는 하늘의 뜻이 숨겨져 있었다. 또한 인간의 내면의 가치는 주변 환경이 극단적인 방향으로 흐를 때 빛날 수 있기에 물질만능주의가 주는 풍요와 폐허 속에서 홀로 은은하게 빛나는 내면의 빛을 찾기를 바랐다. 왜냐하면 이것이 바로 영원으로 들어가는 문이기 때문이다.

이로써 24가지 질문을 모두 마쳤습니다. 마지막으로 해주실 말씀이 있으신지요?

신은 인간들의 진화된 모습과 다르지 않다. 지금 이 순간 깨어나 인생의 비밀을 알 수만 있다면 그는 이미 수준 높은 신의 반열에 오르기 시작했다는 것을 의미한다. 물질세계에서는 마음이 물질의 제약을 받아 한계가 있는 것이 분명하나 이 한계를 극복하고 마음을 자유자재로 다스릴 수만 있다면 그것이 바로 신이며 완성된 인격체이다. 물질의 제약이 풀려난 곳에서 발휘되는 마음의 위력은 상상하는 것 이상이다. 우주란 마음으로 이루어져 있으며 생각으로 움직이는 곳이기 때문이다.

인간은 스스로의 가치에 대해서 너무나도 모르고 살고 있다.

모르는 것이 어쩌면 당연하겠지만 그것 또한 치밀하게 계산된 인간 진화의 프로젝트임을 알아야 한다. 삶의 곳곳에서 부딪히는 수많은 의문들이 다른 세계로 인도할 것이며 나의 대답이 그 중 하나이기를 바란다. 절대자를 찾아 진리를 애타게 구하는 자신의 신성에 대한 그리움이 이 인연을 만들었음을 믿어 의심치 않는다.

모두의 진화를 기원한다.

신이 제시한 마지막 해답

만물이 고요히 잠든 깊은 밤입니다. 겨울 땔감으로 사용할 장작을 패느라 몸을 과하게 움직인 여파로 약간 노곤한 것이 막걸리 한 잔을 걸친 듯 기분이 좋기만 합니다.

제가 살고 있는 이곳 시골의 밤하늘은 별빛이 너무 아름다워 한참을 넋을 잃고 바라보다 잠을 놓친 적이 한두 번이 아닙니다. 밤하늘에 반짝이는 수많은 별들은 우리가 돌아가야 할 본향의 고향이라고 스승님께서 넌지시 일러 주었습니다.

그래서인가요? 저는 별을 보면 막연한 그리움과 설렘에 눈물을 글썽일 때가 한두 번이 아닙니다. 덩치는 산만 해서 계집아이처럼 어울리지 않게 말이지요. 하지만 그 눈물은 저의 눈물이 아닌 잃어버린 본성의 눈물이라는 것을 지금은 잘 알고 있습니다.

저는 이 세계를 만나기 전까지는 지극히 평범한 삶을 추구하며 살아 왔었습니다. 그러다 우연히 알게 된 명상을 통해서 새로운 세계가 있음을 접하였고 그 알 수 없는 이끌림으로 지금 이 자리까지 오게 되었습니다.

제가 오랜 명상을 통해 확실히 깨달은 것이 한 가지 있습니다. 그것은 '세상에는 영원한 것은 없다'는 것입니다. 아무런 희망도 미래도 보이지 않았던 우울했던 어린 시절도 이젠 아련한 옛 추억이 되어 버렸고, 아픈 기억으로 남은 어머니의 죽음도 이젠 이해하며 편안한 마음으로 바라보게 되었습니다. 그토록 사랑했던 여인에게 배반당한 실연의 아픔도 미움보다는 연민의 마음이 생기는 것을 보면 영원한 슬픔, 영원한 고통, 영원한 기쁨은 없다는 것을 새삼 깨닫곤 합니다.

돈이야 말해서 무엇할까요? 죽는 순간 가지고 가는 것도 아닌데 제아무리 용을 쓰고 번다한들 잘해야 본전인 것이 우리네 인생인 것 같습니다.

신은 완성된 인격체라고 합니다. 어떤 절대적인 능력을 가지고 인간 위에 군림하며 길흉화복을 조정하는 존재가 아닌, 신들도 생로병사를 겪고 희로애락애오욕의 7가지 감정을 조절하여 중용의 자리를 알게 된 존재입니다. 다만 인간과 다른 점은 육신을 입고 있지 않다는 것입니다.

육신이라는 옷을 입고 있고 살아가는 우리 삶은 제약이 많습니다. 몸이 따라주지 않고, 마음이 따라주지 않아 실패한 경험들을 쌓아 놓으면 방안을 가득 메우고도 남을 만큼, 마음먹은 대로 인생을 전개하기란 쉽지 않은 것이 현실입니다. 그래서 신의 힘을 빌어 도움을 받고자 하는 나약함이 생겼고, 이것이 인간이 자신의 한계를 극복하지 못하는 요인으로 작용하지 않았을까요.

인간이 태어난 목적은 영의 진화라고 했습니다. 그 영은 경험을 토대로 성장하는 것이니, 우리가 인생에서 쌓아가야 할 것은 부귀영화가 아닌 오로지 경험뿐인 것입니다. 그 경험이 타인의 인상을 찌푸리게 만들고 슬프고 고통스럽게 만들었다면 인생의 잔고에 부채가 늘어날 것이며, 타인의 삶을 기쁘고 행복하게 만들어 주었다면 복채가 늘어나 다음 생을 풍요롭게 하는 요인이 되겠지요. 그러므로 복을 쌓는 일에 인색하면 안되리라 생각합니다.

제가 만난 신은 사랑이 넘치는 분이셨습니다. 인간적인 사랑과는 다른 차원의 사랑의 느낌이었으며 그 느낌을 혼자 간직하기에는 제 양심이 허락하지 않아 신의 사랑을 나누는 일에 제 인생의 모든 것을 걸려고 합니다. 그 사랑을 알고 느낀다면 누구라도 저와 같은 마음이 되리라 생각합니다.

신의 마지막 문답은 믿기지 않은 내용이지만, 그렇다고 신을 경험한 이로써 믿지 않을 수 없기에 나름 마음의 준비를 하며 하루하루 열심히 살고 있습니다. 유비무환이라는 말이 있듯이 앞으로 다가올 세상은 우리가 경험하지 못한 미래의 일이기에 섣불리 판단할 일은 아니지만 그렇다고 맥 놓고 기다리는 것도 신의 노고에 답하는 길은 아니라고 생각합니다. 그래서 하루하루 마음의 집착으로부터 벗어나는 훈련을 하며 오늘을 살고 내일을 준비하고 있습니다. 가벼운 마음으로 웃으면서 말이지요.

아직 수련 중인 신분이라 많이 부족하지만 제 자신을 비워서 최대한 신의 음성을 바로 전달하려 노력하였습니다. 이 글을 읽는 여러분의 앞날에 신의 축복과 행복이 가득하기를 기원합니다.

신에게 묻고 싶은
*24*가지 질문

1판 1쇄	2012년 12월 3일
지 은 이	정래홍
펴 낸 곳	(주)도서출판 수선재
펴 낸 이	서대완
편 집 팀	최경아, 윤양순, 김영숙
마케팅팀	김대만, 김부연, 정원재
출판등록	1999년 3월 22일 (제 1-2469호)
주　　소	서울 마포구 합정동 367-38
	Tel. 02)737-9455　Fax. 02)6918-6789
	Homepage. www.suseonjae.org
	Mail. ssjbooks@gmail.com

ISBN 978-89-6727-050-6　03100